임선희 시집

하늘 끝의 그리움

임선희 시집

하늘 끝의
그리움
주님이 은총으로 주신 눈물로
쓰린 가슴을 닦아 내는 동안
내 아픈 영혼은 붉은 꽃잎처럼 되살아나고
간절한 기도의 끝에서 주님은
크신 위로의 바람으로 눈물을 말려 주소서

이지출판

⚜ 추천의 글

신심이 시심으로 드러난 시를 읽으며
세 낱말이 마음에 도드라졌습니다.
하늘, 계절, 그대.

모름지기 사람은 하나님이 주신 것을 배경으로
그대를 늘 곁에 두고 하늘을 향해
살아야 한다는 말일 듯싶습니다.
시로써 누구를 가르치자는 게 아닐 터이니
이 땅에서 숨쉬며 그런 삶을 살고 있다는 말일 것이고
아무쪼록 그 방면으로 실한 인생을 살아내고 싶다는
바람일 것입니다.

그이의 그대가 되어 그가 노래하는 사계를 함께 누리며
매사에 하나님이 또렷하시기를 바랍니다.
출간을 축하합니다.

뉴저지 찬양교회 목사 허봉기

⚜ 추천의 글

리베카 솔닛은 “시 한 편을 짓는 일은 의자 하나를 만든 일과 비슷하다. 시 역시 의자처럼 실제적이고, 가끔은 의자보다 유용하다”라고 했습니다.

시인은 오늘 이 책을 통해 지치고 곤한 이들의 발걸음을 잠시 멈추고 쉬게 하는 의자 하나를 내어 놓고 있습니다. 그저 넋 놓고 쉬는 것이 아니라 바람결 따라 불어오는 쉼의 근원인 그분의 숨을 마시게 하고 있습니다. 그래서 한 편을 읽을 때마다 숨이 쉬어지는 것 같고, 다시 힘을 낼 수 있을 것 같습니다.

이 책을 지은 이를 생각할 때마다 물이 그렁한 눈이 그려집니다.
그 눈물을 시로 모아 이렇게 고운 의자를 만들었습니다.
고맙습니다. 쉬어가겠습니다.

한국성서유니온 대표 김주련

차례

2부 연애편지

3부 너는 내 운명

4부 님의 나라

5부 하늘 끝의 그리움

1부

사랑에 물들다

함께 꿈꾸는 세상

자, 일어나세요.
새날의 희망이 저만치서
우리를 기다리고 있어요
밤을 무겁게 짓누르던 안개가 걷히니
어둡고 쓸쓸했던 당신
새날의 창문을 활짝 열어요

그윽했던 어제가
발랄한 오늘에게 키를 넘겨주고
시간 속으로 묻혀 버리는 순간
숨겨졌던 우리의 미래가
파란 눈을 뜨고 저 넓은 평원에
우뚝우뚝 서 있어요

순백의 아침이
어제의 묵은 때를 덮어 버리고
새들은 더욱 흥에 겨워
희망의 숲을 노래해요
새날을 구상하는 우리의 아침
빛나고 기운차게 일어나는
당신의 새날입니다

우리의 젊은 혈이
절망과 아픔을 삼키고
용감하게 내일의 산행을 준비하는
힘찬 박동 소리가 들려요
맹렬한 겨울 바람도 이겨내는
뜨거운 당신의 정열을 알아요

당신, 아침의 호흡이 시작되었어요
어제는 영원히 사라지고
오늘의 새로운 역사가
기운차게 일어납니다
당신과 내가 함께 꿈꾸는 세상
발길 닿지 않은 설원에
선명하게 찍히는 발자국처럼
미지의 세계를 향해 함께 걸어야 할
축복의 새날입니다

✲✲ 한해의 초입에 서서

느낌표

문득문득 너의 얼굴이 떠올라
오래전부터 잠재워 왔던 깊숙한 그리움
이른 봄 지루하지 않은 얼굴로 다시
바람에 실려와서는
명랑한 소리로 웃는다
어쩌면 아주 조금씩은 너의 기억들을
잊고 살았다고 생각했는데
마른 나뭇잎 아래서 봄을 기다려 온
여린 새싹들의 수줍음처럼
마침표가 없는 그리움의 느낌표를
은밀하게 간직하고 있었던 게야
아름답던 추억은 봄 햇살에 꽃망울을 터트리고
그리움 안에 꽁꽁 갇혀 있던 간절한 감정들도
설레는 마음의 창을 열고
그예 너의 얼굴을 마주하고 있다
어느 것 하나 소홀하지 않고 정답던 너
기다림도 결국엔 사는 일의 연속이라고
태평양 이쪽에서 나는 기어이
기도로 너를 만난다

✽✽ 멀어서 더욱 그리운 널 기도로 만나고 있다.

마음에서 놓아주다

바람이 훑고 간 저녁 숲에
벌거벗은 나무들
차마 눈길을 뗄 수 없는 저 결별의 시간
불멸의 사랑도 마음을 비우고
가을, 계절 속으로 보내다
저 홀로 불태우던 열정
쓸쓸히 땅 아래로 내려놓더니
언약 같은 싯구 하나 남겨 둔 채
사랑, 낙엽되어 떠나가다
서늘한 그림자 하나라도 남기지 말고
매몰차게 떠나가기를 그렇게 기도했다
생명이 있어 뜨거운 날들이었다고
괜한 미련은 남겨 두지 말자고
곱게 편 낙엽 한 장 책갈피에 끼우며
가을, 계절 속으로 보내다

✻✻ 떠나는 일에도 보내는 일에도 한 점의 미련 같은 것은 없어야지.

편지

우리의 미래를 보았어
하얀 눈꽃 피어나는
어느 날의 아침을
너와 함께 맞이하고 싶었던 거야
일찍이 너와 함께 꿈꾸던 나라
너는 거기에서
나는 여기에서
하얀 눈꽃처럼 세상을 돌다가
마음에 그리던 따뜻한 집에서
결국 마주하는 이야기
오랜 시간 묵혀 두었던 기억들
하얀 눈물로 씻어내고
멀어서 더욱 견고한 그리움에게
편지를 쓴다

먼 태평양을 건너고 건너다가
차마 다시 되돌아오는
내 가슴의 이야기들은
차가운 하늘가를 맴돌다
눈이 되어 마음에 내려앉고
뜬눈으로 긴 밤을 새우고도 모자라
미명의 새벽을 맞을 때까지
아득하게 들려오는 너의 속삭임은
은빛 세상 꿈길 위에
또박또박 발자국으로 선다

✲✲ 하얀 겨울, 그리움은 멀고…

하늘 축복

파란 하늘 하얀 구름을 보면
측량할 수 없는 평화의 나라를 향해
은총의 날개를 달고 날아오르지
불타는 단풍의 숲은 너무도 황홀해서 외려 눈물이 나곤 해
벅차도록 아름다운 세상에서 올려다본 하늘은
가슴이 저미도록 애달픈 내 사랑의 그리움
계절이 깊어 갈수록 더욱 선명해지는 길을 따라
달려가는 길엔 침묵도 응답인 양
가슴이 부풀어 한량없는 감사가 된다
계절이 익어가는 해질 무렵 석양 아래엔
맛깔스런 갈바람이 일고
가을의 풍요로운 향기가 온 천지를 가득히 채울 땐
더욱 가깝게 다가오는 은혜에 숨이 막히지
억새풀 흐드러진 가을 들녘에
목숨 붙이고 생존하는 모든 생물들을 가꾸시는 이 앞에 서서
저들의 자유로운 공존을 바라보노라면
세상에 부러울 것 하나도 없어

거추장스런 겉옷을 벗어 버리고
하얀 속살 드러낼 때 비로소
나다운 내가 될 수 있음도 자연스레 깨닫게 된다
늘 웃는다고 웃는 것이 아닌
눈물을 흘린다고 또한 우는 것이 아닌
간절한 기도의 꽃이 천상에서 다시 피어나도록
오랜 기다림은 또 다른 희망이라고
어느새 영혼은 자유로운 날개를 푸득이고 난
세상에서 가장 깨끗하고 고운 언어를 빚어 날마다
하늘을 노래하고파

✲✲ 숨이 막혀서 눈물이 나는 이 은총의 계절이 나는 참 좋다.

봄비

눈물은 아니다
그윽하게 젖어내리는 봄의 소리
숨죽였던 시간들을 일으킬
생명의 줄기다
무거움을 걷어내고
새순으로 돋는 푸른 희망이다
덧없는 존재의 가치들을
기꺼이 포옹하는 참
너그러운 평안이다

사랑에 물들다

홀로 빈 길에 선 채로
저녁 황혼빛에 물든 나는
들꽃이 되고
바람이 되어
당신을 안고 있어요
나를 비추던 당신의 눈빛에
함부로 내어 준 나의 마음
그때야 비로소 채워지던 사랑은
가슴에 사무치는 그리움
어둠속 빗물은 나의 노래
외로운 가슴은 나의 사랑
당신이 아니고서야
봉인된 내 가슴 열 이 누구일까
내 안에 영롱한 그대여~~

기다림은 아름답다

차갑고 단단하던 계절을 뚫고
그대가 오십니다
싸늘한 가슴으로
외로운 노래를 부르던 이들도
숨통을 터뜨리며
설레는 영혼의 속삭임을 노래할 때
저편 차가운 안개를 헤집고
빛나는 희망으로 오십니다
가슴을 충만하게 채울
푸른 계절을 위해
하늘이 찬란한 얼굴로 웃으니
겨울의 긴 그림자는
멀찌감치 비껴섭니다
차마 혼자이고 싶은
고집스런 동면을 깨고
외로움이 길었던 한숨을 걷어내고
밤새 깊었던 꿈을 이루기로
작정하는 그대의 아침
그대는 우리가 합창으로
우렁차게 맞이하는
아름다운 소망입니다

쉼이 편안한 무릎

그대가 숲으로 오기를 기다려
이른 아침부터 정성스럽게 준비했어
푸른 숲의 역동하는 젊음과
녹음을 키워 낸 끈질긴 집념과
정열이 들끓는 숲의 소리
그 따뜻한 사랑과 강인한 생명을
쉬임없이 준비하고 있었던 거야
삶에 지치고 힘에 겨운 그대가
마음이 부서져 조각나고
담처럼 높게만 쌓은 장벽으로 인해
사랑이 절박하게 그리울 그대가
축이고 또 축여도 다시 목이 마를 때를 기다려
눈부시게 타는 햇살 아래로
쉼이 편안한 무릎을
진즉부터 준비하고 있었던 거야

✲✲ 그래, 모두 푸르게 일어서는 거야!

햇살, 그리고 생명

한여름을 감고 섰다
하늘 아래 어느 한 곳도
쏟아지듯 퍼붓는 한낮의 햇살을 피해 갈 수 없듯
불가마 속 한증막 더위 속에서
뜨거운 햇살을 이고 서 있는 생명들은
나른한 오후에 긴 하품을 하고
후끈 달아오른 세상도 헉헉 숨을 토해내며
너 나 할 것 없이 일제히 숨가쁜 인내에 돌입한다
누구는 문명의 시대에 갇혀 창문 꼭꼭 걸어 닫고
에어컨으로 더위를 다스리는 호화스러움에 인박히고
창밖의 생명들은 따가운 햇살도 소중한 양분이라
고통의 한낮을 이겨내는 모습을 보다가 문득
저 작은 들풀만도 못한 내 연약함이 부끄러워진다

어쩌면 자연으로 돌아가 문명을 거스르듯
웃도는 삼십도의 더위쯤이야 아랑곳하지 않으며
노란 뚝깔꽃, 하늘말나리꽃의 생명처럼
의연하게 살아간다는 것이 쉽지 않은 요즘
우리의 고급스러움과 사치스러움이
거추장스럽다고 느껴지는 것은
에덴, 그 본연의 동산이 그리운 까닭인 게지
태초에 하나님이 창조하신 목적 그대로
가공의 손을 타지 않은 순수한 삶
푸른 하늘을 벗삼아 마음껏 날개를 펴는 자유로움을
진즉부터 그리워하고 있었는지도 몰라

너와 나를 위하여

너를 생각하면 똑같이
푸른 모습으로 서 있는 나를 만난다
한낮의 햇살이 눈이 부시듯
오랜 기다림도 참아주는
너의 뿌듯하고 너그러운 웃음을
나도 어느새 웃고 있던 걸
땅 위로 쏟아지는 뜨거운 햇살도
아낌없이 내어 주는 하늘의 사랑이어서
하늘 사랑을 먹고사는 나의 생이 얼마나 눈부신지
마음 둘 곳 없어 때로 외롭던 가난한 사랑도
불쑥 고개를 내밀고 벅찬 언어들을 쏟아낸다
너를 닮아 푸르른 날
어둔 밤을 보내고 이른 새벽을 맞는 소시민의 가슴에도
소망이 한줄기 바람처럼 고단한 땀방울을 식혀 주는 날
어제의 목이 메이던 그리움도 돌아와
설레는 사랑을 사뿐히 안겨주고
너와 나 가장 빛나는 창작의 언어로
생명을 노래하는 아름다운 계절이 그저 고맙다

수선스러움이 싫다고
늘 차분한 묵상을 즐기던 나도
오늘은 그예 뜨겁게 안겨오는 너를 품고
조잘조잘 환하게 웃고 있다
너의 모습이 내 삶의 언저리에 쏟아져 내리듯
저 아름다운 풍경 속에 갇히는 날엔
너 나 할 것 없이 답답한 가슴을 활짝 열어
하늘 위의 하늘로 마음껏
기도의 노래 올려 보낼 수 있다면
아픔도 곧 행복이 될 수 있다는 걸 알게 될 거야

그리워서…

겨울안부

당신,
시린 땅 위에 서 있어요
가슴속까지 차가움이 스며들어요
향기마저 잃은 마른 풀
오고 가는 사람들은 옷깃을 여미고
바람도 쓸쓸하게 일상 안으로 찾아들어요
그래도 웃어 볼래요
겨울은 많은 것들을 잃어버리는
서글픈 계절이 아니라
멀찌감치 서 있는 희망을 노래하는 계절
절망이 건널목을 건너와
차가운 담벼락에 사정없이
우릴 밀어붙인다 해도
어둠을 뚫고 채워지는 밝은 빛만을 볼래요
겨울은 외려 따끈하게 끓여진 찻물처럼
탁탁한 목 안으로 느껴지는 뜨거운 의욕
온몸에는 뜨거움이 혈처럼 흘러요

그러고보니 볼품없이 벗고 섰는
나무들의 우락부락 근육 속에서도
우직한 생명을 만나게 되네요
잃어버린 언어를 다시 찾아
반쯤은 죽은 것 같은 들풀들과 인사를 하고
침울한 구름일랑은 훌쩍 걷어내며
무형의 차가운 겨울과 따뜻한 안부를 나누어요
당신,
나는 여기에 있어요
삶을 구석구석 빈틈없이 채운
살아 있는 자의 행복으로
나를 만들어 준 당신, 그리고 세월 앞에서
당당하게 큰 숨을 쉬고 있어요
당신과 함께이기에 가능할 꿈을 품고서…

✻✻ 겨울 속으로 걷다가…

약속

낯선 하늘을 이고 산다는 거
가끔은 바람이 낯을 간지럽히며
친구가 되어 주니 외롭진 않아

삶의 뒤안길에 서서
지나온 날들을 관조하다가
이름 없이 살아온 지난날도
한줌 햇살처럼 따사로웠으니
더 바랄 나위 없지

나의 숲을 바닥까지 다 내어 줄 테니
고단한 삶에 지친 네가
이유 없이 와서 쉬었다 가도 좋겠어
가슴엔 파란 멍이 잔뜩 들어도
너에게 푸른 숲 그늘이 되어 주고 싶어

화려하게 피우지 못한 우정
주섬주섬 다시 주워 모으며
마알간 눈동자 하늘가에
목이 쉬도록 부르고 싶은 너

작은 들꽃의 섬세한 생명을 느낀 후에야
비로소 성숙해지는 가슴처럼
숲 저편 아스라한 기억의 잔등을
기어이 오르다가 나의 친구여!

내게로 오는 길을 열어 놓고
기다리다가 하루를 닫을지라도
우리 청춘이 살아 있는 한
언젠가 너와 함께할 수 있기를
비에 젖은 하늘과 악수를 한다

✲✲ 그리움이 만들어 내는 성숙한 가슴으로…

하늘, 바람, 햇살 같은 사랑

고요한 새벽
겸연쩍은 어둠이 스스로 물러나고
짙은 밤을 가볍게 이겨 낸 맑은 그리움이
영롱하게 눈을 뜨는 아침
당신과 나 서로의 창가에 고마운 은총의 하루를
사뿐히 얹어 줄 수 있다면 좋겠습니다

저마다의 자리에서 일구는 소중한 일상 위에
가벼운 미소 한자락
기운나는 참된 언어 몇 줄 건넬 줄 알며
작고 소박한 꿈 하나쯤은
함께 꾸어도 좋겠습니다

감정의 날을 세우고
아프게 상처내지 않으며
서로의 곁에 있어 줌이 눈물겹게 고맙다고
하늘, 바람, 햇살 같은 융성한 행복을
곱게 포장해 선물로 보내 줄 수 있었으면 좋겠습니다

가끔은 빈손 들고 섰을지라도
한 줄 시처럼 아름다운 마음 간직하며
정결한 소망을 담은 기도가 보배로운 당신
저녁놀 곱게 물드는 그리움의 빛깔을 닮은 당신을
나는 날마다 만나고 싶습니다

애잔한 서로를 가슴에 담고
착한 눈빛으로 가만히 바라보며
따뜻한 마음 가득 채운 사랑으로
강물의 깊음과 넓이만큼
넉넉하고 깊은 정 묵묵히 나누어 주는
향기로운 우리
다시 누군가를 위한
축복의 통로가 될 수 있다면 참 좋겠습니다

✲✲ 따뜻한 마음들이 만들어 내는 따뜻한 언어로
따뜻한 사랑을 만들어 낼 수 있다면…

그곳에 가고 싶다

진달래 꽃잎 따서 살며시
입안으로 넘겼을 때의 달달했던 맛을 기억해
바구니 옆에 끼고 씀바귀 쑥 달래
쌉쌀한 봄나물을 캐던 날의 정겨움을 알까
허수아비 친구 삼는 들판에서
키 큰 풀나무 꺾어 집을 세우고
뜨거운 여름날 너른 풀잎 지붕 만들어
햇살 가리우던 아름다운 풍경들이 아득해
앞마당 화단을 장식해 주던
달리아 과꽃 샐비어 채송화
붉은빛 봉선화 꽃잎 따서 곱게 찧어
작은 열 손톱 위에 얹어 실로 질끈 동여매 주면
밤새 고운 빛깔 주홍빛으로 물들던
유년 시절의 풋풋한 설렘을
다시 또 느껴 볼 수는 없는 걸까

여름날 저녁 끝에 삶아 주시던 군것질
밭 귀퉁이에 몇 포기 심은 참외 수박 토마토
잘 익기를 기다려 뚝 따서 얼음물에 담갔다가
툭툭 썰어 툇마루에 얹어 주면
넙죽넙죽 받아먹던 기억 속
어머니의 사랑이 이토록 그립다
밤새 기승을 부리던 날것들 불화로에
한 움큼의 쑥을 넣어 쌉쓰롬한 연기로 쫓아내며
밤이 늦도록 곁에서 이마와 볼을 쓰다듬어 주시던
까슬까슬했던 어머니의 손마디
어머니의 숨결
어머니와 동무 삼던 그곳
그 시간 속으로 달려가고 싶다

주님의 숲

푸르게 살려고 작정을 했나 봐
푸득이는 너의 날갯짓을 알아
짙은 초록빛으로 익어가는 너의 풍경들은
진작부터 뜨거운 여름을
성실하게 준비하고 있었던 거야
옅은 바람에도 사각이는 너의 소리
영근 햇살을 받아 반짝거리는
너의 노래를 오늘은 꼭 듣고 말 테야
키가 큰 나무 위를 타고 오르는
또 다른 줄기 나무들 저렇듯
얼키고 설켜 서로를 보듬는 사랑
더불어 조화를 이루어 내는
숲의 평화를 내 오늘은 기필코 닮고 말 테야

✲✲ 푸르게 살기 언제까지나…

2부

연애편지

추락하지 않기 위하여

얼마나 힘이 들었냐고
오늘은 좀 어떠냐고
곧 괜찮아질 거라고
삶이 무거워서 자꾸만 넘어지는 너와
몇 마디 전화 안부를 뒤로하고
이내 나는 가슴을 친다
눈물 섞어 뱉어 내던 기막힌 사연
힘겨워하는 너를 위해
해줄 수 있는 말이
그렇게도 궁색했었다는 것을
누구의 생인들 어디 그리 쉬운가
부서진 일상의 파편들을 주워
조각조각 다시 맞춰 가며
현기증 나는 싸움을 하는 네가
나는 참 아프다

인생이란 긴 여정 속에
그 숱한 사연들을 생각하며
혼자 한참을 답답해하다가
내가 할 수 있는 것은 오직
지친 너의 영혼의 외로움을 위해
기도하는 일밖에 없다는 것
차가운 얼음조각 몸에 얹은 것처럼
뼈 마디 마디가 시릴 너를 위해
간절한 기도에 희망을 담는다
너의 삶도 다시 하늘을 향해 기꺼이
비상의 날갯짓을 할 수 있기를
하늘의 은총을 구하고 있다

** 절벽 끝에 서서야 비로소 보이는 그분의 큰 존재를
깨달을 수 있기를…

천국으로 가는 길

우리는 어디에서 왔는가
인생의 연수를 다 하고 나서
우리는 또 어디로 가는가
찬란했던 생의 여정을 곱게 접어
절대자 앞에 기꺼이 내려놓는 겸허한 이여
순서에 따라 세상에 나고
순서와는 무관하게 떠나가는
모순 같은 세상의 한모퉁이에서
굽이굽이 아름다웠던 생이
영원한 안식을 맞을 때
빛나는 천국을 기대하는 이들의
고독한 작별의 노래가 섧다

곱게 화장한 얼굴에 깃든 평온
관 위에 반쯤 드러낸 몸 위로
다소곳이 올려진 두 손은
주님에게로 가는 길에 올리는
마지막 기도인가
남겨진 가족들을 위한 침묵의 간구인가
슬픔은 기도 속에 소망으로 일어서고

황혼의 너그러운 얼굴은 어느덧
주님의 품안에 깃들어 있으리라
다만 형광등 불빛 저편의 소리와
이쪽의 소리가 단절되는 침묵의 길
하나님이 허락하신 작별의 시간

한없이 가벼워져서 따라가는
저 자유로운 영혼과
가슴을 쓸어내리며 보내는 이들의
혹독한 결별의 시간은 형벌 같은데
또한 기쁨이요, 복이리니
이제 흙 속에 묻혀 주님의 나라에서
보석처럼 다시 태어날 자가
굳게 닫은 입술로 안녕을 고하네
다시 만날 해후의 날을 약속으로 남긴 채
주님의 나라로 입성하리니
영광의 주가 맞으시리

✽✽ 아, 나는 영의 눈을 열어 하늘 위의 하늘을 관통합니다.

먼 기다림에 서서

바람 많은 날
정처없이 흔들리는 나를
줏대없다 말하지 말아요
어디서부터 시작되었는지
갈대밭의 노래를 외면하고 싶진 않아요
제아무리 강한 바람이
내 가느다란 허리를 붙잡고
머리채를 흔들어도
땅속 깊이 내린 뿌리
쉽게 뽑히진 않을 거예요
하늘이 강물에 물드는
저녁 황혼 붉은 들녘에서
잠시 기우뚱했기로
넋 놓고 쓰러진 건 아니잖아요
신명난 바람 앞에서
마음놓고 춤 한번 추었기로
내가, 내가 아닌 것은 아니잖아요

오직 그대를 품은 난
오래된 기다림을 견딜 뿐이지요
삶의 의욕이 바람 앞에서
위태로운 몸을 흔들고
갈대밭 둔덕에서 나 외로워져도
하늘 너머 그대를
목청껏 부를 수 있으면 되는 거지요
그대 기다림이 멀고 험하여도
쉬이 꺾이지 않을 나의 속사랑
하늘 밑 너른 들판에서
내 진정 그대를 기다릴 수 있음이
그저, 고마울 따름이지요

✽✽ 한 번쯤은 흔들리고 한 번쯤은 위태롭고 한 번쯤은 넘어졌을지라도
여전히 견고한 믿음의 뿌리를 간직할 수 있기를.

가을 그대

내 목은 점점 더 길어지고
사랑하기 위하여
날마다 기도의 씨앗을 심어요
몸이 거칠어진다고
가슴까지 푸석해지지 않기를
나이를 먹는다고
익숙한 것들에 인박히지 않기를
감정이 무뎌졌다고
눈물마저 마르지 않기를
삶이 고단하다고
마음까지 인색하지 않기를
서늘한 햇살에 향기롭게 익어가는 가을처럼
온몸 가득 단물로 물들이고
깨끗하고 단정한 옷으로 갈아입은 계절 위로
사랑의 열매를 익혀 내는 바람이 되어
가을빛 그대를 겸손히 맞이할 수 있기를

눈부신 파란 하늘에 감격할 줄 알며
저녁놀 붉게 물드는 고운 풍경 앞에선
익숙한 싯구 하나쯤 여유롭게 읊어 낼 수 있기를
하얀빛 풀꽃 향기도 고개숙여 맡을 줄 아는
낮은 사람으로 살아갈 수 있기를
그대 모습은,
내 눈길이 닿을 적마다 빨갛게 물이 들고
내가 부르는 만큼 내 가슴에 와 안기며
그대가 오는 길엔 바람도 숨을 멈춥니다
그대를 만나는 일은
따끈한 찻물을 목 안으로 넘기는 평온이요
잃어버린 언어를 다시 찾는 설렘
마음의 보석을 만나는 일이며
강인한 생명으로 일어서는 소망인 것에
목이 메이는 은총이라고

✽✽ 나는 바람 소리에도 귀를 귀울입니다.

동행

높은 하늘과
능선이 맞닿는 저녁 숲으로
가득히 차 오는 당신을 찾아
길을 떠나고 싶습니다
제한된 삶의 반경에서 벗어나
무거운 육체 위에 얹어진
진지한 삶을 뒤로하고
따뜻한 당신 품으로 깃들고 싶습니다
길을 떠났다가도 다시 돌아올 수 있도록
기꺼이 안식의 자리를 준비해 두신 당신
눈이 어두워서 이따금
불완전한 것들에 마음을 쏟을 때에도
당신은 햇살을 품은 사랑으로
미숙한 삶을 용납하시고
깊은 영혼의 쉼가에서 묵묵히
이방인의 낯선 삶을 지켜 주십니다

그대는…

어둠의 깊은 장막을 깨고
먼동으로 떠오르는 희망입니다

묵은 세월에 묶여 있던 눅눅한 삶을 풀어놓아도
부끄럽지 않은 온유한 햇살입니다.

내 지친 영혼의 곤고함과
마른 목을 축여 주는 은총의 강입니다

빈 언덕 위에 올곧게 서 있는 백합화요
시련의 눈물을 꽃으로 피워 내고

절망의 아픔을 믿음으로 승화해 내는
승리의 개선장군입니다

인생의 끝에서 맞이할 '無'의 존재를 위해
永遠한 비밀의 나라를 만드시므로

오늘의 헛된 낭비를 줄이고
내일의 거룩한 가치 창출을
이뤄 내는 지혜의 아침입니다

✻✻ 그대로 인해 또한 내가 있습니다.

내 영혼 위의 도화지

우리 일상이 잠에서
아직은 눈뜨지 않은 아침
오늘은 또 하나의 하루일 뿐
어제와 다를 것 없다는 것을 알면서도
싱그러운 새벽 바람이 가슴을 뛰게 합니다

어제의 묵은 감정과 오늘의 새 마음을
낱낱이 고하는 고요한 아침엔
내 영혼이 자유로운 날개를 달고
눈앞에 펼쳐진 푸른 세상을
가볍게 날아오르는 은총의 시간

마음처럼 살아내지 못한 어제의 삶이
끝내 신경이 쓰여 오늘은 시작부터
순서를 정해 빈틈없이 채워 보자고
눈빛 같은 하얀 도화지 상상속에 펼쳐놓고
차마 그리운 당신부터 그려 넣습니다

결코 어제에 머뭇거리지 않으며
진실했던 오늘의 기도처럼
당신을 닮은 햇살 같은 사람으로
이 거칠고 마른 세상을 향해
당신은 영원히 마르지 않는 샘물이라고
도화지 가득 당신으로 채웁니다

✲✲ 날마다 뜨거운 님의 품안에서 눈물이 웃음으로 피어나는 보석 같은 그림을 그리고 싶습니다.

당신의 사랑은

호흡이 살아 있는 이른 아침
반쯤 열어 놓은 창문 틈으로 느껴지는
상큼한 레몬 향기는 당신의 숨결인가요
종달새 푸드득 원을 그리며 몇 바퀴를 돌다
사뿐히 나무 위에 내려앉는 명랑한 모습처럼
무겁게 눈을 뜬 나도 이 아침엔
거뜬히 몸을 일으키고 꽃잎처럼 가벼워져서
당신의 품으로 날아들고 싶어요

물빛 머금은 나뭇잎이
파릇하게 깨어나는 환희의 아침을
단정하게 준비하여 선물로 주시는
당신의 그윽한 은총이
조용히 가슴에 와 안기는 경건한 이 아침엔
생각이 짧고 행동이 모자랐던
어제의 나는 어디로 갔는지
당신 한 분만으로 눈물나게 행복합니다

살아서 숨쉬고 있음이 축복이라고 생각되던 그때부터
하늘빛 고운 당신은 내 삶을 송두리째 떠안으시고
눈물 많던 날 강인한 두 팔로 안아 주셨으니
일일이 그 맘 다 헤아리지 못했어도
당신만큼 속 깊은 이 또 있을라구요

시절마다 풍성한 잎을 내어 그늘을 만들어 주고
지친 어깨 기댈 든든한 기둥이 되어 주신 이여!
당신 안에 둥지를 틀고 날마다 힘겹게 하여도
허허, 웃을 줄만 아는 속없는 당신
당신 가슴 패이는 줄도 모르고
언제나 내 걱정만 늘어진 당신의 사랑을
거저 누리며 사는 나는 꽤나 염치없는 사람입니다

봄의 소리

겨울의 침묵을 깨우는
봄의 소리를 듣고 있어요
언 몸을 풀고 달려나오는
끈질긴 생명들의 아우성
차가운 땅을 이불삼아
고통의 산고를 치르고
왕성한 기운으로 다시 태어나는
저 인내의 결정체들 앞에서
나도 겸허히 계절과
눈높이를 맞추고 있어요
두터운 외투자락
과감히 벗어 버리고
까칠했던 대지 위로
동 트기를 기다려
가장 먼저 기지개를 켜는 그대,
가슴 졸여 기다려 온 봄
그 초입에서 나도
어린아이의 맑은 웃음처럼
해맑아질 수는 없을까

덜 깬 동토 아래
한 움큼의 생명으로
희망의 노래를 부르는
그대처럼 나도
봄빛 속에서 그대를 향한
사랑 노래 목청껏 부르며
푸른빛 웃음을 띤 그대를
맨발로 달려가 맞아도
부끄럽지 않을 것은
영혼의 눈을 띄워
삶의 꿈과 의욕의 옷을
입혀 주시는 그대를 가슴 가득히
맞이하고 싶은 때문이지요
서둘러 온 봄이 일제히
꽃망울을 터트릴 때를 기다려
환한 웃음을 흘려도 좋을 그대는
소망의 은총이기 때문입니다

✲✲ 계절의 초입에서…

그는 포도나무, 나는 가지

파종하여 일군 기름진 땅에
햇살, 바람, 물로 가꾸어 낸
뿌리 깊은 포도나무
밤을 샌 비와 바람에도 끄떡없이
고운 빛깔 송이꽃을 피워 냈다
나무마다 알알이 맺힌 검붉은 포도송이
상함을 막기 위해 무던히도 애쓴
부지런한 농부의 수고로운 손길이
보기만 하여도 아름다운 포도원은
주의 베푸신 은혜와 사랑으로 가득해
잎과 가지가 나무에 붙어 있어
뜨거운 더위 긴 장마를 견뎌 내고
견실한 열매를 익혀 낸 것처럼
지혜 있는 자, 겸손한 자
포도나무 되신 주님과 함께 있으면
어떤 시련, 환란에도 쓰러지지 않을 거야
저 들녘의 무성하던 풀들이 마르고
청초하게 피어 있던 들꽃이 시듦같이

흙으로 지음받아
한평생 흙을 밟으며 살다가
결국 흙으로 돌아가야 할 생이라면
인생을 가꾸시는 주인의 품에 안겨
주어진 날들을 알뜰하게 키워야지
인생의 여정을 마치고
마지막 날 천국의 문 앞에 서서
주님을 향한 지고지순한 사랑 지켜 냈노라고
환한 미소 얼굴 가득히 머금을 수 있다면
언젠가 두 다리에 기운 잃고
흰머리 성성해져 주님 품에 안길 때에는
긴 세월 이웃과 더불어 사는 삶을 통해
풍성한 열매를 많이 맺히웠노라고
하늘의 상을 기대할 수 있기를 위하여…

✽✽ 지혜와 겸손이 지켜 낸 지고지순한 사랑을 위하여…

통증

하늘은 비를 내리고
땅은 너른 품 내어 주었다
거친 바람이 흔들어 놓은 세상에는
하늘과 땅이 눈물로 만나고
무방비로 던져 놓았던 마음에는
켜켜이 쌓여 있던 팽팽한 이기들이
핏기 없이 한쪽에서 웃고 있다
가슴이 불같이 뜨거워서
사랑 한번 화끈하게 해 본 적 있었을까
누군가의 처진 어깨 위에
따뜻한 위로 한마디
제대로 건네 본 일 얼마나 있었을까
그 착하고 곱던 심성을 잃어버린
지금의 차디찬 가슴이
쓸쓸하고 참담한 어리석음이
거룩한 사랑 앞에서 기막히게 쓰라리다

저 쏟아지는 빗물이 아프다
너의 곁에 서서 음악이 되고
영혼을 닦아 주는 눈물이 되고
젖은 땅을 말려 주는 햇살이 된다면 좋겠다
사랑은 언어로 대신할 수 없듯
수선스럽지 않게 다가가 살며시
슬픔을 말려내는 조용한 바람이면 좋겠다
깊숙이 타고 흐르는 영혼의 고통
너의 가슴을 흔들어 깨울
저 빗소리가 된다면 더없이 좋겠다

✲✲ 너에게로 가서

6월의 아침

하늘 아래
열린 세상 속으로
넘실대는 푸른 생명의 물결처럼
따스운 너의 입술도
공중에 두 팔 벌린 너의 가슴도
이루 말할 수 없는 우리의 사랑도
선명한 음향으로 편곡된 생의 노래처럼
6월의 공동구역 안에서 뜨겁다
이슬이 채 마르기도 전에
깃털을 푸득이는 새들과
양미간을 간지럽히는 소슬한 바람에
젖먹이 어린아이의 해맑은 웃음까지도
널브러진 꽃들의 향연 속에 물드는 6월

인간은 세상 속에서
공평하게 주어진 삶의 원칙들을 따라
인생의 봇짐을 지고
계절 속으로 떠나는 나그네
그리고
곧은 생명의 몸부림
가슴으로 피워 내는 6월의 장미처럼
하늘빛 사랑으로 물들고
그대의 잔정이 묻어나는 깨끗한 사랑이
푸른 생명의 길을 자분자분 수놓을 때
난 6월의 아침을 꿈꾼다

✲✲ 신록이 눈부신 6월 어느 날…

살아 있는 날 동안

목숨이 붙어 있는 날까지
그리움으로 동인 가슴 풀지 않기로 했습니다
목이 마른 가슴을 채우기 위하여는
새벽녘 영롱한 눈동자로 오시는
아침 같은 당신을 품겠습니다
내 사랑은 남루한 몸짓으로
서산 마루에 반쯤 기울어진 석양
쓸쓸한 정서로 가득 물들인 연한 꽃잎
긴 그림자 드리우고
멀찌감치 서 있는 외로움
하지만 나는 당신의 사랑으로 인박힌
가난한 영혼입니다
당신은 내 안에 숨결로 오십시오
영원으로 이어진 아득한 길목에 서서
다소곳한 언어와 미소로 오시는 당신을
황홀하게 맞이하겠습니다

✽✽ 나는 늘 당신으로 목마른 작은 시인입니다.

오월의 심장

푸른 오월이여!
내 박동하는 심장 같은 오월이여!
그 너른 팔 벌려 한품에 안아 주는
내 애인 같은 오월이여!
아침 햇살이 그대로 관통되는 세상 속으로
영롱하게 비추는 하나의 빛 속으로
오월의 푸른 동산으로
나는 가리라

세상과 영원이 잇닿는 길
길 위에 뿌려진 아카시 향기는
진한 삶의 의욕을 부르고
언약의 뜨거운 약속도
길 위에서 진실하여라

숲을 깨우는 아침이
긴 밤의 정적을 감추고
이유 있는 빛깔로 거듭 태어나니
내 모든 언어와
내 모든 감각들이
일제히 뜨거운 노래가 되는구나

✽✽ 푸르고 향기롭게…

연애편지

그대를 만났어요
저항 없이 맞이한 그대는
고독한 여인의 가슴에 환한 그리움을
눈물처럼 쏟아부어요

어떤 만남일지라도
그리움과 기다림을 함께 지녔다지만
자꾸만 그대에게 갇히는 나는
이른 새벽 눈을 뜨자마자
그대 이름을 부르네요

밤을 새워 잠 못 이루다가
아침이 되어서야 기어이 터지는
가엾은 그리움의 봇물

그대는 거기에 나는 여기에
따로인 듯 늘 함께 있다는 걸 알면서도
그대 앞에 서면 괜한 서러움이
하얀 안개처럼 피어올라요

✲✲ 새벽에 쓰는 편지…

3부

너는 내 운명

문득, 그리운…

이 끝에서 저 끝까지
하얀 눈꽃을 피웠다
순한 바람도 마저 데려가지 못한 계절
그 서늘한 끝자락에서
문득 그리운 얼굴
휘휘 감겨 살갗에 와 닿는
그 옛날의 하얀 설렘과
끝내 잊혀지지 않을 완강한 기억들이
다시 가슴에서 살아나
한꺼번에 몰려와 안긴다
빈 들판에 순백의 눈처럼
잊은 듯 하얗게 살 수는 없었을까
푸르게 생명처럼 일어서는 너와
얼굴에 진홍빛 혈이 돋는 내가
하얀 침묵으로 만나는 아침에
세상은 시처럼 아름답다

어머니의 사랑

보랏빛 꽃잎이 풋풋한 감자꽃
하얀 빛깔 꽃잎이 소박한 감자꽃
가슴으로부터 느껴지는 어머니의 체취가
하얀 웃음으로 피어나던 감자꽃
실핏줄처럼 깊게 뿌리를 내리고
한여름 햇살로 익혀 낸 열매
주렁주렁 품었다가 내어 주는
융성한 행복을 알아
하얀 속살 팍팍한 맛
영양만큼은 이만한 것이 없노라고
껍질 벗겨 억지로 입에 넣어 주시던
어머니의 심장 같은 사랑
그 옛날의 감자맛은 어디로 갔을까
어머니의 정이 듬뿍 담긴 감자맛이
새삼 그립습니다

✲✲ 주방 한 귀퉁이에 놓여 있는 오래된 감자
아무래도 어머니가 그리운 게지.

달콤한 당신

농익은 한낮의 햇살이
건조한 풀잎을 뜨겁게 부벼댑니다
아! 얼마나 많은 시간을
골고루 나누었던 한낮의 볕이었는지요
음지 같은 어둠도 해사한 웃음으로 밝혀 내고
간간이 들려오는 암울한 소식에도
한가닥 소망을 얹어 주던 눈부신 날들
새벽은 영롱한 이슬을 준비하고
바람은 숲을 깨워 기쁨의 오늘을 선물할 때
당신의 푸른 심장은 이름 없는 들꽃의 생명에도
보석처럼 살뜰하게 박혀 있어
감사의 몸짓으로 쓴 소박한 시
하늘 창가로 마음껏 붙이고 나면
살고 싶은 아우성으로 가슴은 언제나 뛰었습니다
이 얼마나 벅찬 은총의 계절이었는지요
여린 가슴에 잦아들던 작은 근심 걱정쯤이야
풍성한 은혜의 나무에 주렁주렁 매어달면

어느새 달콤한 열매로 맺어
사랑의 꽃물 되어 내 모든 혈관들을 관통해
숨이 찬 언덕쯤은 거뜬히 오르고
뙤약볕에서도 성실하게 일궈 낸 삶의 언저리엔 늘
당신의 웃음이 햇살처럼 드리웠으니
아! 여름은
얼마나 달콤한 당신인지요
지친 듯 헐떡이며 달려온 길에서
뜨겁게 달구어진 몸을 사심 없이 뉘어도 좋을 당신
당신이 거저 베푸신 착한 계절을 갚을 길 없지만
등줄기에 맺힌 땀방울만큼이나
조촐한 행복도 너무 황홀해서
왈칵 눈물로 보답하는 나는
당신의 작은 풀꽃입니다

아름다운 동행

어제 같은 마음으로 기다렸습니다
한세월 길 위에서 나그네인 양 살아도
발걸음이 멈추는 그날까지
잡았던 손 결코 놓지 않겠노라 하신 약속
그러기에 우리의 동행은 아름답다고

이 끝에서 저 끝으로
차마 이별인 듯 멀리 있어도
언제나 내 안에 사는 그대가 계시니
매일 곁에 함께 있어도 그리움 되는
신선한 설렘이 나는 참 좋습니다

싸늘하게 식혀진 계절 속으로
상상속의 그대가 옵니다
시들지 않는 꽃처럼
내 가슴에서 피어나는 선연한 모습은
숨이 차는 그리움일수록 가슴에 찍히는
소망의 빛 되시기에

마치 불같은 그리움으로 나는
내일의 당신을 앞서 만납니다
영혼의 깊은 곳까지 채우고도 모자라
저 하늘 가득히 그려 넣은 얼굴
범람하는 강물처럼 넘치고 흐르는
그대의 사랑이 나는 참 고맙습니다

가슴에 심장처럼 살아 계신 이여
바람을 타는 위태로운 가지 끝에 달려 있어도
나는 행복합니다
가끔씩 텅 빈 듯이 외로운 또 다른 고립은
애타는 목마름으로 그대 만나는 시간
나의 존재에 거듭 힘을 실어
비상을 꿈꾸게 하는 팔딱이는 생명입니다

✲✲ 새벽, 그리움 그 길에 서서

결별

햇살을 등진 나무들 사이로
서늘한 바람이 서성거린다
산마다, 들녘마다
뜨겁던 열정 지긋이 내려놓으며
새벽 찬 서리에 마지막 남은 생명까지
마저 떨구는 겸허한 빈 몸
가장 찬란한 계절을 남기고
가을, 말없이 떠나가지

낙엽, 떠나가는 길목 위에 걸터앉아
마지막 생애 스스로 낙하하다가
문득, 어둠을 밝히는 달빛에
파르르 몸을 떠는 이별이 아름답다
너는 어디로 가는지
바람 타고 먼 길 여행하더라도
끝내 어디선가 흙으로 돌아가
또 하나의 생명을 키울 테지

존귀한 생명으로 태어난 우리
결국에 돌아갈 고향을 사모하며
지나온 어제의 삶을 털어 내야지
스스로 녹아 제 몸 사라질지라도
어두움을 빛으로 밝히는
촛불 같은 흔적이면 좋을 것을

마음에 떠 있는 하나의 별을 위한
깊은 영혼의 착한 노래로
불완전한 삶조차도 거뜬히 딛고 일어설
아직 살아 있는 뜨거운 가슴이 고마워서
하루에도 몇 번씩 하늘을 본다

✽✽ 가을의 끝자락

멀리서 바라보기

언제부턴가 세상은 여유를 잃어버렸고
사람들은 하나같이 배려를 잃어버렸다
단소리에 인박힌 사람들이
넙죽넙죽 받아삼킨 말들은
이내 쓴소리로 되돌아와
상처에 알코올을 들이붓듯 아프게 하고
저마다의 실체마저 흔들리게 한다

누구에 의해 만들어졌는지
벗어날 수 없는 통념과 관습이
옳고 그름을 정해 놓은 대로
도무지 빠져나올 수 없을 것 같은 늪에 빠졌으니
모두 편견의 안경을 쓰고 사는 것처럼
한쪽 눈으로만 세상을 바라보는 것은 아닌지

훤히 들여다보인다는 사람의 속
공소시효가 채 끝나지 않은 사건처럼
들여다보면 볼수록 더욱 미궁에 빠져
점점 더 그 속을 알 수가 없는데

너보다 내가 전부인 이기주의 속에서
아무리 자기 도취에 빠져 산다지만
실상은 모두가 착각의 병이 단단히 들어서
자기 자신에게만큼은
가장 후한 점수를 주기 때문이 아닐까

조금은 멀리 서서 객관의 눈으로 나를 보고
나를 다스리시는 이의 눈과 마음으로
따뜻하게 너를 볼 수 있다면
세상에 이해되지 못할 일이 무엇이며
사랑하지 못할 일들이 어디에 있을까

진정한 자존감은 그리스도 안에서
나를 사랑하고 또한 너를 사랑하며
겸손으로 무장될 때 저절로 채워지는 것처럼
수준 높은 주님의 성품을 닮아가기 위한
자기 성찰에 복이 있기를…

웃음의 분량만큼

웃음의 분량만큼 행복해질 수 있다면
더 크게 더 환하게 웃겠습니다
삶의 힘겨운 수레를 끌고 가파른 고개를 오를 때는
고난의 언덕 끝에서 환하게 웃고 계실
당신을 기억하겠습니다
굽이굽이 밤을 보내고
저 별빛마저 새벽 미명에 숨죽일 때를 같이하여
푸른빛으로 걸어나오는 고요한 아침을
나는 반겨 맞겠습니다
삶의 작은 곡절들은 지나가는 과정일 뿐이라고
눈부신 아침과 반갑게 인사를 나누고 나면
세상은 온통 식구로 변해
꿈틀거리는 의욕으로 눈을 뜨고
나는 당신의 가슴속에 한 떨기 꽃으로 피어나고 있던 걸요
자취 없이 사라질 삶의 연연함을 잠시 뒤로 앉히고
꽃을 가꾸듯 나를 가꾸는 일에도 정성을 들여
속속들이 고운 당신의 빛깔로 내 속을 물들이겠습니다

고개를 들어 하늘만 올려다보아도 눈물로 얼룩이 되는
저기 내 그리움의 하늘 끝을 향하여
절절히 토해 내는 나의 기도를 아실 이여!
멀리 있어 슬프다고 하기 이전에
눈을 뜨면 늘 익숙하게 다가오는
오늘이 있어서 슬픔도 기쁨이라고
보이지 않아서 내 안에 더욱 깊고 견고한 당신을 인하여
기꺼이 맑은 웃음자락 가벼이 바람결에 놓아 둡니다
저 푸른 하늘 위로 보내는 나의 고백은
언제나 가난한 몸짓이지만
눈물이 마르지 않는 기도 속에서 만나는 당신은
인내의 소망을 노래하는 찬란한 은총이니
저 구름 너머에 있을 님의 나라
금빛보다 아름다울 당신의 동산을 바라볼 수 있음이
오늘, 내가 이렇게 웃는 이유라는 것을…

더욱 사랑하기 위하여

누군가를 사랑한다는 것은
무엇보다 자신을 사랑하지 않고서는 안 될 일이지
여전히 모자란 나 스스로를 인정해 주고
믿어 주며 사랑할 수 있을 때
마음도 더불어 뜨거워지지 않을까
진실이라는 따뜻한 가슴을 통해서만
키워 낼 수 있는 예민한 사랑
너의 가슴을 열고 들어가
달달한 사랑의 씨앗을 심고 말 테야
나의 작은 마음의 눈으로
너의 큰 존재를 찾을 수 있다면
한세상 뜨겁게 사랑할 수도 있을 거야
가끔은 가슴 한쪽에 둥지를 틀고 있는
제법 덩치 큰 못난 자아가
신앙의 나이테를 부끄럽게 하지만
형편없는 나를 내려놓고
한결 가벼워진 마음 안에
크신 이의 심정을 담을 수 있다면
새로운 사랑을 다시 쓸 수도 있을 거야

선한 눈빛, 착한 마음,
너를 향한 넉넉한 사랑
내 마음을 전부 묶어 보낼게
밤마다 빛나는 별들을
아름답게 엮어서 네게 붙인다면
지친 너에게로 가서 꿈으로 다시 태어날까
내가 받은 사랑이라는 이름으로
너의 이름을 불러 본다
하늘 끝의 소망을 가득 담아
기꺼이 너의 노래가 되어 주기로 했어
너에게 통째로 내어 준 나의 사랑
내 마음을 받아 줄 네가 있어서
난 이렇게 행복한걸

✲✲ 마음에 품고 기도하는 이들에게

산다는 것은

시린 겨울의 숲을 빠져나온 바람
뼛속까지 스며들어도
온화한 마음으로
따뜻한 인사를 나눌 줄 아는 우리
나뭇가지 사이로 내리쬐는
몇 조각의 햇살만으로도
가슴을 뜨겁게 덥혀 낼 줄 아는 한
살아 있다는 것은
얼마나 아름다운 일인가
저 깊고 음산한 계절을 보내는 동안
몸 안으로 깊이
고요한 인내를 길러 낼 겨울 숲
결코 뒤돌아보지 않으며
묵묵히 제자리에서
의연한 저 풍경처럼
서두르지 않으며
긴 밤을 견뎌 온 우리도
하얀 새벽을 맞으며
정갈한 사랑 하나 낳으리

기다림의 강을 건너온
소박한 우리의 진실이
환한 오늘과 만남을 주선하고
다소곳이 내민 내일이라는 소망을
가슴마다 안겨 줄 때 우리는
흔들어 깨우는 영혼의 소리에
귀를 기울여야 하리
산다는 것은
햇살 같은 그대를
세상에 비추는 일
제 몸을 태우고 녹여
눈물로 다시 일어서는 일

✱✱ 그대는 다시 그리움, 다시 기다림 그리고 사랑입니다.

물음표

0.1초의 찰나 같은 순간에도
삶과 죽음은 곳곳에서 은밀합니다
생명은 붙들려고 애쓰지 않아도
생생한 삶의 소리로 일어서고
붙어 있는 생명이라고 다 생명이 아닌
산다는 것은 조용한 물음표
홀로 누운 자의 외로움과
침묵하는 저 슬픔들 사이로
하나의 꺼진 등불은 다시
누군가를 위하여 타오르고
먼지처럼 가벼워진 영혼은
환한 에덴의 아침을 향하여
발걸음을 떼어 놓습니다

가슴속에서 울려오는 불멸의 노래처럼
어둠이 깊을수록 의지는 굳고
찬란한 새벽은 달콤하여라
가끔은 거친 물살에 휩쓸려 가듯
삶이 때로 고통이었을지라도
빛나고 풍요로웠노라고
쓰라린 눈물을 기도에 담아 올린 뒤에
참되신 위로자 앞에 서니
우리 앞에 펼쳐진 11월은
다시 서늘하게 일어서는 평온한 천국입니다

✲✲ 뷰잉 예배를 다녀와서

너는 내 운명

여덟 달을 기다려 너를 만났다
말할 수 없는 기쁨과
피할 수 없는 슬픔으로 온 천사
인공호흡기와 보조 장비들로
작은 몸을 두른 인큐베이터 안의 너
너와 나의 첫 만남은
심장에 박힌 가시처럼 기막힌 고통이었다

긴 세월 품안에 너를 안고 살았다
왜 나이어야 했냐고 그분에게 묻기 이전에
천국의 모습처럼 해맑고 어여쁜 너를 보며
네가 아니면 안 되는 나였기에
선물로 너를 보내 주셨다는
그분의 섭리를 이해할 수 있었다

날마다 꽃을 가꾸듯 너를 보듬는다
눈에 띄는 화려함이 너에게는 없을지라도
힘든 세월 소박하게 자란 이름 없는 꽃도
아름다운 행복을 피워 낼 수 있다는
벅찬 감동을 아는 까닭에
내 삶은 절망이기 이전에 절절한 감사였다

언제나 내 곁에서 아픈 채로
내 몸인 양 하나인 너를 위해
절박했던 나의 몸부림은 외려
하늘이 내게 준 부요함의 은총이었으니
나는 참 복이 많은 사람이었다

이 세상이 전부가 아닌 그분의 나라에서
온전하게 완성될 너의 삶을 위해
한걸음 한걸음 너의 발걸음은
조금 느리고 힘겨울지라도
아름다운 풍경을 너의 맑은 눈에 담고
청아한 음악 작은 마음에 가득 담아내며
매일 매일이 꿈꾸는 일상이면 좋겠다

누구보다 깨끗하고 순한 영혼이
언젠가 민들레 홀씨처럼 가볍게 날아오르면
내 아팠던 젊은날의 청춘도 이제는 눈물을 닦고
출렁이던 밤바다가 잠잠해짐 같은 평온함을
꿈길처럼 누리며 살리라

✽✽ 언제나 나에게 각별한 너의 에너지로 인해 오늘 내가 이렇게 살고 있는 것은 아닐까. 그분 앞에서 몸부림을 쳐본다.

참된 부요

계절을 따라
비와 바람
따사로운 햇볕을 누리고 사니
세상의 공평하지 못한 것들에 대하여도
자유함을 맛보게 된다
묵은 먼지 말끔히 씻어 내고
비취빛 고운 색으로 다시 살아오는
자연의 빛깔 하나에도
말할 수 없는 감동의 아침을 맞이하는 것처럼
지식과 재능이 특별하게 뛰어나지 못하고
가진 것 나누고 퍼줄 만큼 넉넉하지 못해도
하늘 아래 호흡하고 있다는 것만으로
뛰는 가슴은 이미 행복이다
때론 오해의 눈빛으로
서로의 영혼을 곪게 하는 일 간혹 있을지라도
그쯤이야 물 잘 빨아들이는 노란 스펀지처럼
평정을 잃지 않는 평안을 누릴 수도 있으리

눈부신 세상에서
높이를 가늠할 수 없는 하늘과
시야에 가둘 수 없는 너른 세상과
푸르고 환한 자연을 예찬할 수 있는
마음과 입술을 소유하고 있는 한
세상 일엔 기꺼이 눈 멀고
악착같이 쥐고 있던 헛된 것들의 망상으로부터
선뜻 벗어날 수도 있어야 하리
고난을 통해 인생을 성숙하게 하시는 이의
참된 부요 앞에서
보배롭게 삶을 가꾸는 지혜자가 되어야 하리라

✲✲ 너와 나 그리고 우리를 위하여

그날을 위하여

두 눈 마알갛게 뜨고도
앞을 볼 수 없는 사람처럼 사는지도 몰라
두 눈 감고 있는 사람처럼
헛디딤만 반복하고 있는지도 몰라
지독한 외로움을 자처하고
가장 슬픈 날의 한 사람처럼
나를 가두어 놓았던 것은 아닐까
황량한 벌판을 홀로 바라보다
숨이 멎는 고독에 시달리고
절대 빈곤의 영혼으로 번민하다가
궁핍한 목숨을 위하여는
마지막 잎새처럼 애끓는 가슴으로
사는 일에 더욱 집착했는지도 몰라
상심하여 신음하며
미련하고 아둔하여
근심을 떠안고 사는 것처럼
아까운 낭비가 또 있을까

남 모를 가슴속 이야기
영혼의 아픔으로 올려 드릴 때마다
진한 아픔일수록 맑아지는 삶의 향기가
고맙다고 손에는 힘이 쥐어지고
다시 가슴이 부풀어 온다
관념 속 감정의 우물은 퍼내고
이끼 낀 일상의 표면을 벗겨 내야 하리
인생의 정점을 향하여
날마다 새로운 발걸음을 내딛기 위한
이 들끓는 열망
불완전한 인생의 질고쯤이야
광명한 그날을 위하여 인내를 거듭하리라
바다처럼 넓은 아버지 사랑 안에서
나도 뜨겁게 사랑을 품고
이 아름다운 세상 그렇게 사랑하며 살고 싶다

✲✲ 그날을 위하여…

가장 아름다운 날들을 위하여

맑은 눈동자들이 보석 같은 삶을 찾아 나설 때
굳이 거품 같은 언어는 필요하지 않았다
어미품을 갓 떠나는 어린 새는 둥지를 털고
자신만의 세계를 향해
푸른 창공을 마음껏 날고 싶었을 뿐이다
가슴을 열고 달려나가는 소망을 위해
삶의 작은 평화와 기도를 위해
영글은 햇살을 품고
허허로이 웃음을 웃는 아름다운 우리
훌훌 옷을 벗으며 그제야 너른 두 팔 벌려
속살까지 드러내는 깨끗한 영혼들이여!
저 멀리 푸르른 세상이 넘실거리고,
바람이 나뭇잎을 흔들 때마다
아름다운 생의 선율이 만들어진다는 것을 아는가
편협으로 가득 찬 저 모순된 세상 속에서도
인생은 숭고한 이상을 향해
끝없이 날고 싶은 본연의 모습을 간직하고 있다는 것과
성실하게 빚어 쌓아가는 가난한 이들의 희망이
아름다운 세상을 만들어 낼 수 있다는 것을 아는가
소박한 일상이 기쁨이 되는 가장 소중한 날들이여!

✲✲ 아름다운 날들을 꿈꾸며

4부
님의 나라

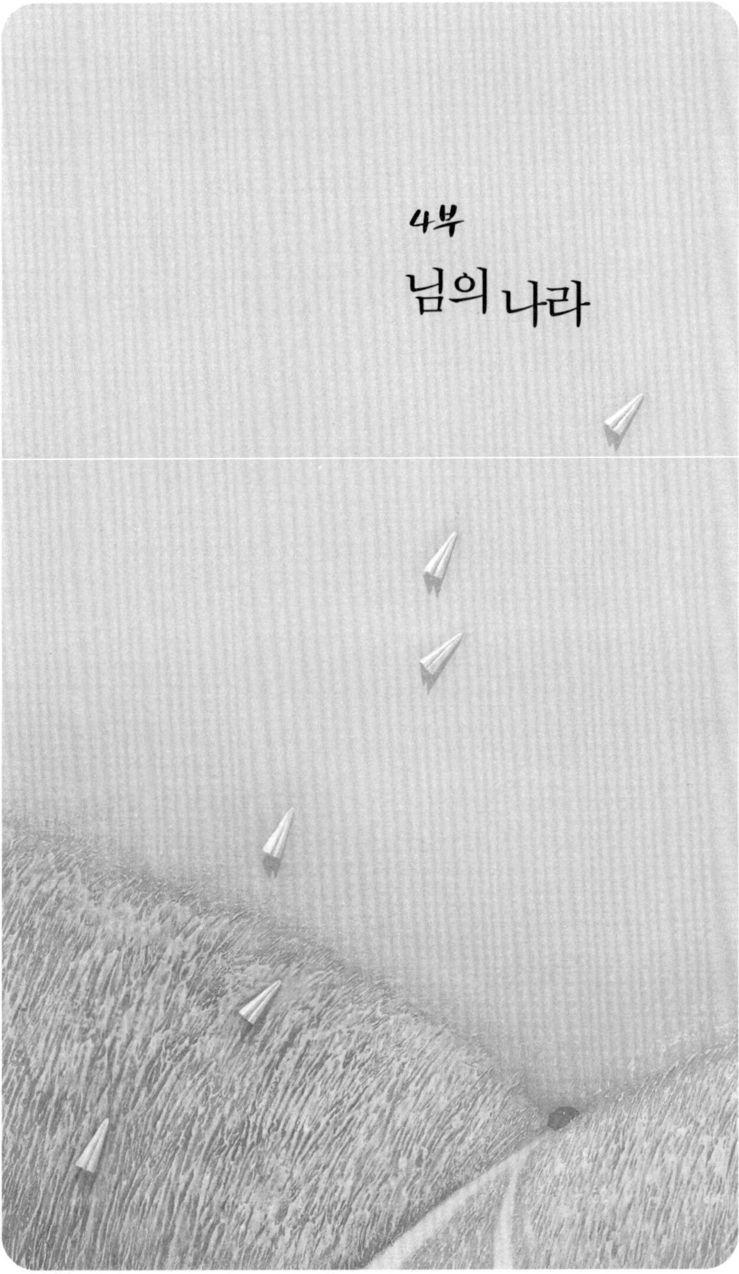

삶의 기도

눈뜬 새벽
먼 길도 마다않고 달려가
내게 붙어 있는 지독하게 못난 것들을 다 꺼내 놓아도
전혀 부끄럽지 않을 당신 앞에
하얀 영혼으로 살고 싶어 깨끗이 속을 비워 내는 이른 새벽
덜 깬 새벽을 열고 들어와 저마다의 가슴을 뜨겁게 달궈 내시는
크신 당신의 언어들
당신은 죽음을 이겨 내신 사랑으로 나를 덮으십니다
내 속의 작은 울림
당신의 품을 눈물로 적시는
가난한 영혼의 소리를 들으십니다
세상에 티끌같이 작은 자의 모습이어도
당신의 사랑을 유통하는 복의 통로가 되라시는 당신
오고 가는 세상에서 내 작은 힘도
당신을 위해 보탤 수만 있다면

아직도 잠에서 깨어나지 못한 가엾은 영혼들을 깨우는 일에
작은 소명의 길을 걷겠노라 다짐하며 새벽을 울릴 때
내 어깨 위에 얹어지는 당신의 강한 힘을 느낍니다
아버지 당신의 손끝에 닿아 있는 한
세상에 두려울 것도, 능히 감당해 내지 못할 일도 없으니
내 삶은 언제나 가벼워져서 하늘 노래를 부릅니다
햇살을 사모하는 꽃잎의 순정을 어여삐 여기실 당신 앞에서
나는 행복의 나라, 소망의 나라로 기꺼이 날아오르며
날마다 뜨겁게 타는 불꽃 같은 당신을 위하여
눈물이 웃음으로 피어나는 해맑은 그림 한 장
아름다운 영원의 나라를 넉넉히 그리기 위해
오늘의 삶도 기꺼이 당신 앞에 드립니다

✲✲ 내 속의 작은 울림…

모순 같은 진리

당신을 님이라 부를 수 있는 건
가엾은 인생들에게 내어 주신
값없는 생명 때문이며
가늠할 수 없이 캄캄한 길 위에
별처럼 반짝이는 눈동자 때문이며
아득히 먼 꿈도 가깝게 이루시는
해맑은 소망 때문입니다
당신과 함께 걷는 이 길은
두 눈 감고 두 귀 막으며
하늘을 품은 호수처럼 마음을 넓히는 일
오만한 자존심을 매몰차게 걷어 내고야
비로소 보이는 의로운 길입니다

당신 앞에 서는 일은 때로
말로는 다 할 수 없는 아픈 침묵
백 마디 언어보다 스스로 비워져야
오히려 채워지는 평안
사랑하는 일도 모자라 내가 죽어야만
네가 사는 모순 같은 길
억지스런 당신의 말씀 안에
꼼짝없이 갇혀 살아도
한없이 자유로운 이 영혼은
나 같은 사람도 거두어 주신
당신의 크고 거룩하신 사랑
그 값없는 생명의 약속 때문입니다

주님을 바라보는 자

어서 오십시오 어둠을 깨우며
영롱한 하루을 여시는 이여
심장을 관통하는 바람 한줄기
그 밝은 낮빛을 보내 주시니
다시 또박또박 새아침을 걷습니다
지나온 어제보다는 다가올 내일을 위해
걸어온 날들은 은총이었다고
뜨겁게 고백하는 착한 오늘
곡예처럼 때로는 위태로운 길 위에서
차곡차곡 채워 온 열두 달
이별은 어떤 것이든 애달파
12월의 된서리처럼 침묵할 때도
멀리 희망은 언제나 만면의 웃음으로
사랑과 평화를 노래합니다
묵은 먼지처럼 켜켜이 쌓인
태만과 게으름을 일깨우시기 위해
환희로 오시는 이여

날마다 새로운 주님을 품듯이
사랑할 사람들을 가슴에 품고
따뜻한 기도를 올리고 싶습니다
눈물겹게 버텨 온 인고의 세월을
회한의 눈물로 되짚는 자들에겐
고뇌의 강 저 너머에
빛나는 생명이 있음을 기억하게 하소서
어제 주셨던 소소한 일상의 웃음이
가장 진솔한 행복이었음을 알게 해 주소서
희고 순결한 주님의 모습
고개 들어 바라보는 자마다
한줄기 밝은 서광 비춰 주소서

4월의 노래

죽은 듯 꿈쩍도 하지 않던 땅 위로
주님이 품었던 생명들이
일제히 푸른 모습으로 달려나올 때
창문을 활짝 연 내 마음도
거듭거듭 새롭게 태어나고 싶습니다
차가운 땅속으로부터
은밀하게 일구어 낸 소망들이
환한 낯빛으로 합창을 하는 4월에
주님은 죽음을 통해 기적을 베푸시고
부활로 승리를 선포하십니다
주님의 이름을 부를 때마다
차가운 마음은 따뜻하게
교만한 마음은 겸손하게
옹졸한 마음은 너그럽게
고통과 절망엔 강인한 날개를 달아 주십시오

주님 앞에 선 내 모습은
어쩌면 이리도 모자람 투성이인지
마음이 쓸쓸하고 우울할 때마다
외려 책망보다 봄 햇살 같은 위로를 주시는 주님
주님을 위한 깨끗한 눈물로
날마다 내면을 가꾸고
고통도 삶의 일부분이라
겸허히 받아들이게 하시고
궂은 날씨에도 꽃씨를 뿌리고 가꾸며
생명을 키우는 일에 열심을 내는
은총의 사람으로 살게 하여 주십시오

✲✲ 다시 날개를 달아 마음껏 날아 봐. 너만의 세상을 향해…

십자가를 위하여

세상이 거대한 파도가 되어
시름에 찬 영혼들을 흔들어 놓을 때
쉼이 없어 슬픈 우리의
가엾은 눈동자는 어디를 바라보나요
어둠이 깊은 숙면에 이를수록
허물을 벗는 하나의 세상에서
몸에 붙어 있는 지독한 불치병들
하나 둘씩 떼어내며
나를 위한 십자가 당신을 바라봅니다
넓은 길 외면하고
좁은 길로 들어서서
당신의 소원을 담은 십자가를 메고도
기꺼이 웃을 수 있다면
더 움켜쥐려고 바둥대는 일이나
머뭇거리고 주섬거리는 미련쯤이야
과감히 내려놓고
나를 위해 골고다 십자가를 마다않으신
그 사랑의 길을 따를 수 있으리라

아, 나는 들을 수 있어요
내 무뎌진 영혼을 깨울 당신의 소리를
저 들끓는 생명들의 꿈틀거리는 소리를
나는 오직 나의 당신을 위해
그 무엇이라도 되고 싶노라고 고백하고 싶은 날
당신의 나라는 내 한몸으로 족하니
부질없는 소욕일랑은 기꺼이 버리고
생명이 일렁이는 당신의 나라
십자가 보혈의 은총을 인하여
내 남은 날들이 기적처럼 사용될 수 있기를…

✿✿ 어느새 가슴이 뛰고 있어요.

성찬

어느 하늘 아래 머리 둘 곳
그 한몸 누일 곳 없었을까
고독한 생의 한편이
처절한 발자국을 남기며
골고다 언덕을 오릅니다

살 찢기고 피 쏟으심은
정녕 누구를 위함일까
죄인을 위해 내어 주신
숭고한 생명의 빛이
어두운 세상 속으로 관통할 때
죽은 자들은 일어섭니다

나를 기념하라 하신
떡을 먹고 포도주를 마십니다
당신의 몸은 떡으로
붉은 포도주는 뜨거운 피로
나의 심장 깊숙이 스며드십시오

켜켜이 쌓인 죄는 허물어지며
잠자던 영혼들은 눈을 뜰지니
고통의 십자가 위에서 이루신
그 완전하신 사랑을 통하여
비로소 나로 내가 되게 해 주십시오

당신을 위해서라면
헤픈 웃음도 기꺼이 웃으며
낮아지고 더 낮아지겠습니다
앞다투어 일어서는 이른 봄 새순처럼
당신을 꽃 피우는 일에 부지런을 떨겠습니다

✽✽ 살아 있는 영혼들이 간절하게 부를 이름,
오직 '예수' 바로 당신입니다.

새벽 이슬 같은

인생의 가장 귀한 때를 소중히 알아
구별하여 드릴 줄 아는 가치 있는 결단과
주님을 향한 뜨거운 열정을
저들의 가슴속에 부어 주심을 감사합니다
같은 생각과 같은 비전으로
오직 주의 푯대를 바라보게 하시고
열방을 향하여 주님을 선포하며
영향력과 새로운 도전을 줄 수 있도록
자원하는 심령을 주심을 감사합니다
주님의 부르심 앞에 서슴지 않고 달려나가
의의 이름을 위하여서는
생명도 아끼지 않을 저들을 축복하시고
붉은 장미보다 더 진한 빛깔로
젊음의 때를 물들이게 하시니 감사합니다
이 땅에서 얻어질
명예와 권세에 목마르지 않으며
안전하고 평안한 쉼은
이 세상에 존재하지 않는다는 것과

이 땅은 영적 전쟁터임을 알아서
믿음의 경주에 전력을 다하며
스스로 주의 뜻을 받들어
복음의 사명을 감당하는 저들이기에 감사합니다
주님의 권능의 날
주님께서 불현듯 임하시는 날에
주님의 십자가의 이김을 결국에 맛보는 그날까지
신앙은 머물러 있는 것이 아니라
앞으로 나아가는 것임을 알아
믿음으로 달려나가게 하심을 감사합니다
가장 왕성한 젊음의 3년을
아버지의 영광과 언약의 성취를 위하여
죽음조차 능히 감당해 내신 주님을 바라보며
저들의 젊음도 기꺼이 드리는 헌신 앞에
먼저 겸손의 무릎이 있게 하시니 감사합니다
새벽 이슬 같은 주님의 자녀들이
저들의 삶에 가장 좋은 때를 아끼지 아니하며

저들의 삶에 가장 귀한 것으로
주님의 영광을 위해 드려짐을 외려
기쁘게 여기게 하시니 감사합니다
주께서 사랑하시는 뭇 영혼들을 위하여
영혼의 눈을 띄우시고
뜨거운 열정과 들끓는 사랑을
아낌없이 부어 주시는 이여!
저들의 수고로운 땀과
간절히 모은 두 손의 기도를 통해
이루실 영광을 위하여
부르신 저들이 밟는 땅을 축복하시고
주님 앞에서 가장 귀한
생명의 주역들이 되게 하여 주소서

✲✲ 자원하는 심령으로 영혼구령을 위하여 선교지로 떠나는
헌신자들에게 바쳐…

✲✲ "주의 권능의 날에 주의 백성이 거룩한 옷을 입고 즐거이
헌신하니 새벽 이슬 같은 주의 청년들이 주께 나아오는도다."
시편 110편 3절

새벽을 열며

깨워 주시면 나는
새벽을 달려 당신에게로 갑니다
이미 당도한 코끝의 상큼한 바람처럼
가볍게 날아서 갑니다
당신의 하늘엔 병풍 속의 그림 같은
풍경들이 장엄하고
매일 새벽길에 나는
빛나는 새벽을 준비하신
은총의 당신을 노래합니다
곁에서 묵묵히 동행해 주는 사람이 있어
매사에 턱 마음이 놓이는 것처럼
한결같이 내 편 되어 주시는 당신이 계시니
하나도 두렵지 않은 세상에서
조금 더 사랑하고
조금 더 이해하고
조금 더 배려하고
조금 더 참아주고
조금 더 위로하며
골고다 십자가 당신을 닮아 갈 수 있기를
깊은 속 담아 낸 눈물 당신 앞에 올립니다

✱✱ 가장 평온한 당신의 품에서

님의 나라

은빛 하늘,
온통 침울한 빛깔로 다가오는
저 질펀한 계절 위로
한자락 새벽의 신선함을
선물로 주시는 이여!
차갑고 쓸쓸했던 겨울을 거두시며
평온한 모습으로 다가오시는
온유한 당신을 만납니다

창문 사이로 비집고 들어오는
성급한 봄내음,
간지러운 속삭임
서늘한 바람 한줄기라도
마음놓고 들이키고픈
가난한 영혼 하나가
환희의 아침을 맞이합니다

굳이 입술을 열지 못했어도
침묵하는 바다의 적막함 아래로
절규하는 영혼의 곤고함을 아실 이가
어리석고 게으른 자를 일으켜
눈 멀어 보지 못했던 나라
순결한 님의 나라를 보여 주십니다

눈을 뜨고 바라보는 곳마다
절절히 눈물로 맺히는 계절처럼
마음과 영혼을 말끔히 헹구어 내시는
긍휼하신 이 앞에서
난 어느새 정갈한 삶의 이야기를
다시 노래합니다

세상을 생명처럼 사랑하시는 이가
덤으로 얹어 준 오늘의 삶,
모진 광풍을 만나고 나서야
더욱 견고한 뿌리를 내려
다시 새로운 생명을 준비하는 것처럼
내 안의 간절함을 아실 이가
영롱한 빛으로 가슴을 여시는 아침에
눈물로 바라보는 님의 나라
님의 나라가 그립습니다

✲✲ 그리움의 나라를 위하여…

신년 기도

새해, 새아침이 밝았습니다
희망과 함께 주신 새날에
새 마음과 새 결단이 설렘과
벅찬 감동으로 다가오는 아침
깨끗한 빈 그릇 하나 마음 다해 준비하고
말씀과 순종, 헌신과 섬김,
열심과 열정을 담아 봅니다

밝은 새날엔 슬기로운 꿈을 꾸게 하시고
돌짝 밭 같은 거친 마음도 갈아엎으소서
마음이 냉랭해서 말씀이 주시는 감동에
무뎌지지 않도록 민감한 감각을 주시고
눈이 멀고 귀가 닫혀
순종하지 않는 죄를 짓지 않게 하소서
고요 속에서 외려 기도를 잊지 않게 하시고
현실을 넘어서는 비상이
아름다운 사람이게 하소서

다시 열어 주신 새해에는 우리라는 이름을
따뜻한 의미로 가슴에 새겨넣을 줄 아는
햇빛 같은 사람이고 싶습니다

어제의 눅눅한 삶도 거뜬히 말려내는 햇살
함께 견뎌 온 날들을 열매로 맺어내는
강한 햇살처럼 사랑 하나만으로도
뜨거운 포옹이 가능하고
넉넉한 위로가 되는 진실한 사람이면 좋겠습니다

값없이 주시는 새날을
선물로 받은 아침
당신을 향해 맑은 눈망울로 섭니다
기대하며 맞이한 새날의 날갯짓이
저 높은 창공 위를 가를 때
진주처럼 빛나는 당신의 사랑은
온 땅의 어두움을 깨우십니다
우리의 작은 믿음, 사랑, 섬김, 수고,
기도에 축사하셔서
오병이어의 기적으로 모두의 삶이 풍성해지는
기쁨의 새날, 영광의 새날이 되게 하소서

✲✲ 가슴으로 느껴지는 참 따뜻한 기류를 보내 드리며

제사보다 나은 순종

부활의 첫 열매
영광의 새날입니다
무상한 인생의 연약함이
그리스도의 십자가와 연합하여
부활, 생명의 옷을 입었습니다
골고다에서 쏟으신 물과 피는
목마른 영혼에게 주시는 영원한 생명이요
팍팍한 광야길에 주시는 진정한 평안이며
죽음보다 강하신 하나님의 사랑입니다
소망이 없어 죽어가던 인생들을 찾아오셔서
노골적인 죄와 욕심으로 채워진 원색의 알몸에
은빛 자유의 날개를 달아 주신
내 주님의 그 큰 사랑이
막혔던 장벽을 단번에 거두시니
저 다시 살아나는 생명, 생명들
어제의 암흑은 영원히 사라지고
다시 광명의 해가 솟아오르는 눈부신 새날이
얼마나 감격스러운 은총인지요

이제 일어나라, 빛을 발하라
나태한 게으름을 깨우치고 일어나
믿음의 수고, 나의 사랑을 전하라
우리의 열매 없는 삶을 꾸짖으시고
저마다의 가슴에 소명으로 채우시더니
믿음은 결국, 영혼 구원을 위하여
세상을 품으라 말씀하십니다
하늘 아래 살아서 호흡하는 곳마다
사랑의 작은 씨앗 하나라도 뿌리고
정성스레 꽃밭을 가꾸듯 사랑을 나누며
어둠과 고통에 갇힌 자들에게
소망, 천국의 비밀을 선포하라 하십니다
온유와 겸손으로 띠를 두르고
인내함으로 결실의 때를 기다리라
아, 나는 다만…
제사보다 나은 순종의 섬김으로
복음의 신발을 신으렵니다

✲✲ 부활의 계절에

비워 내고 다시 채우시는

잠시 혼잡한 세상을 접어 두고
순결한 당신 앞에 섭니다
향긋한 바람은 어디에서 불어왔는지
흠없는 어린양의 보혈로 그득한 세상
어깨를 누르는 삶의 무게로 탄식하는 이들
인생의 방향을 잃고 방황하는 이들
이기와 탐욕으로 눈먼 자들
육신의 가시로 아픔의 눈물을 흘리는 이들과
세상에 만연한 죄악을 위하여
멸시와 천대, 상하고 찢기기까지
죽음도 마다 않으신 당신,
주님의 긍휼하심을 바라봅니다
세상의 욕심으로 가득 채우고 나면
다시 말씀의 단비로 깨끗하게 씻어 내시고
두 마음을 품지 말라 질투하시는 나의 님
가슴 밑바닥 마지막 찌끼까지 긁어 내어
완전히 비워 내지 못하는 나약함이
눈에 가시가 되어 앞을 가리우고

살 속에 빼낼 수 없는 옹이처럼
아프게 짓누르니 십자가 앞에서
내 속은 추악한 흠집투성이입니다
천지에 가엾은 사람입니다
새봄이 왔노라,
얼었던 땅들도 가슴을 펴고
소망을 노래하는 주님의 계절에
십자가, 대속의 은총 앞에서
세상 욕심 훌훌 털어 내니
다시 말씀으로 채우시는 부요하신 나의 님
"엘리 엘리 라마 사박다니…"
무지한 인생들을
죽음에서 생명으로 값없이 옮겨 놓으신
당신의 그 크신 사랑 앞에서
나도 나의 십자가를 지고 주님을 따르렵니다

✲✲ "우리가 아직 죄인 되었을 때에 그리스도께서 우리를 위하여 죽으심으로 하나님께서 우리에게 대한 자기의 사랑을 확증하셨느니라." 롬 5장 8절

얕은 냇물 같아서

삶의 중심에 계셔서
날마다 나의 일상을 어루만져 주시는 주님
그럼에도 불구하고 나는 얼마나 나약하고
깨어지기 쉬운 약한 질그릇인지요
주님의 주신 사랑으로 다른 사람을 돌아보며
낮은 들꽃처럼 살겠노라 고백하는
입빠른 기도를 용서하소서
제 한몸 챙겨 사는 일도 버겁다고
나누고 베푸는 일에는 늘 인색한 저를 용서하소서
인생의 길을 가는 동안 더러 만나게 되는 난관 앞에
위기의 사람처럼 허둥대는 저를 용서하소서
눈부신 주님과 걸어온 은총의 날들을
훈장처럼 달고 살면서도 고마움보다
지금의 침묵이 더 힘들다고 다리에 힘이 빠져
휘청거리는 저를 용서하소서
수없이 흘린 눈물의 양만큼
내 안의 욕심과 못난 것들을 남김없이 씻어 주소서

주님이 은총으로 주신 눈물로
쓰린 가슴을 닦아 내는 동안
내 아픈 영혼은 붉은 꽃잎처럼 되살아나고
간절한 기도의 끝에서 주님은
크신 위로의 바람으로 눈물을 말려 주소서
신앙의 연륜이 깊어 갈수록 내 속은
훤히 들여다보이는 얕은 냇물 같아서 송구한 날엔
가슴이 떨리던 주님과의 첫 만남을 기억하게 하시고
오늘의 부끄러운 나를 일으켜 새 결단을 품게 하소서
주님은 빛이어서 그늘진 마음에도 꽃을 피우고
어두운 밤 쓸쓸한 영혼의 슬픔도
한줄기 바람으로 말려내는 기적이며
볼품없고 보잘것없는 믿음에도
격려를 잊지 않으시는 넉넉한 사랑이시니
내 가엾은 영혼을 불쌍히 여기소서

✲✲ 내 영혼을 주의 성령으로 가득 채워 주소서.

나의 나 된 것을 위하여

널브러진 혼돈이 무질서를 조작하여
삶의 모양을 위선으로 포장하고
의지와 기백을 꺾어
너와 나의 진실마저 기만할 때
우리의 일그러진 영혼은
얼룩진 흔적들로 절망하는가
인생의 길 위에서
칠흑같은 어둠을 맞이하고
시련의 폭풍을 만나
쓰러짐과 일어섬을 반복하는 동안
아픔과 절망을 인하여
고독의 쓴잔을 비워 내야 했다면

거칠은 광야도 한품에 안으시며
고난의 길 위를 묵묵히 걸으시는 이
잔잔한 고요와 평화를 만드시고
시베리아의 추운 밤을 낮으로 만들어
따뜻한 생명의 옷을 선사하는
산처럼 크신 이를 기억해야 하리

너와 나, 세상의 절반을 훌쩍 돌아왔음에도
절름발이처럼 편협된 자아를 들먹이며
착잡한 숨을 고르는 동안
참되고 아름다운 언어로 오신 이
소외된 자들에게 따뜻한 웃음을 선사하는
겸손의 왕을 기억해야만 하리

그리고…
어지러운 마음을 정결하게 씻고 다듬어
자기와의 장렬한 싸움을 마치고 난 후에
고요한 어둠의 바다를 깨고
찬란한 소망의 빛으로 다시 사신
영광의 왕을 기억하여야 하리

✲✲ 사순절을 지나며

접속

기도는 나를 비추는 마음의 거울
모래알처럼 깔깔한 삶도
윤기나게 닦아 주는 파도
당신의 얼굴 앞에 맑은 물로
몸을 씻는 간구이며
먹구름과 비바람을 통해
견고히 세워 가는 거룩한 성입니다
살아온 날만큼 쌓아놓은
익숙한 경험들과 추상적인 개념을
훌쩍 뛰어넘어야 볼 수 있는 나라
당신의 하늘을 꿈꾸는 고요한 아침은
가장 작고 볼품없는 나를 만나
구석구석에 악착같이 붙어 있는
고집스런 습관들을 떼어 내는 시간
기도는 어제의 나를 씻어 내고
다시 깨어나는 처절한 작업

당신 앞에서 난 날마다
혹독하고 정밀한 진단을 하고
가난하고 겸손한 몰입에 갇혀
꿈보다 더 달콤한 나라,
훌륭한 새벽을 만들어 내는
당신의 나라를 향하여
접속을 시도합니다
날개를 달지 않았어도
날마다 비상을 꿈꾸는 기도의 시간은
햇살을 피워 내는 아침의 나라와
은밀하게 교섭하는 비밀의 통로
당신은 푸른 동산이 되어
그 품을 내어 주고 나는
당신의 동산에서 뛰노는
한 마리 암노루가 됩니다

목련꽃 사랑

생의 절정은 겨우
서너 날 남짓
꽃잎에 물든 숭고한 사랑이
저리 가볍게 흔들리는가
어느 인생이 저 꽃보다 나을까
피고 지는 일이 어디 제 뜻이랴
휘몰아치는 격동의 세월을 접고
결국 빈몸으로 겸허해질 것을
가슴속 끓어오르는 사랑
피눈물로 다 떨군 후
새로운 사랑을 위해
푸른 잎으로 다시 제 몸을 두르는
목련꽃 사랑

✲✲ 죽음보다 강한 그분의 사랑이

5부

하늘 끝의 그리움

어울림

말씀의 거울 앞에 서서 나를 비춰 보는 날은 내가 어떤 사람인지를 재차 발견하는 날이다.

마음을 여는 날보다 꼭꼭 닫아 두고 외려 높은 담장을 쌓아가는 사람은 아닌지, 가슴이 얼음장처럼 차가워서 좀처럼 따뜻함이 느껴지지 않는 사람인지, 편견의 눈으로 사람을 평가하고 제 마음에 흡족한 사람만 골라서 챙기는 사람인지, 이기적인 욕심으로 눈이 가려져서 다른 이의 아픔 같은 것은 보지 못하는 사람인지, 기어이 말씀의 거울 앞에 나를 비추어 보고 나서야 그나마도 조금씩 깨우쳐 가곤 한다.

나를 내려놓고 과감하게 버림과 동시에 내 속의 중심에 나를 대신해 예수 그리스도로 가득히 채워지고 나서야 진정으로 사랑해야 할 대상들이 보이며 그들로 인해 얼마나 벅찬 감정들이 우리 삶을 희열로 이끌어 주는지, 또한 더불어 유쾌한 화음을 만들어 낼 수 있는지 알게 되리라.

우리는 작고 사소한 것들의 생존 안에서 더불어 살아가고 있다. 그 안에서 함께 공존하며 때로는 서로에게 든든한 버팀목이 되어 주기도 한다.

살아 있음에 감사하며 주님의 원대하신 뜻을 한 폭의 그림으로 바라보는 날엔 생명 붙이고 살아 있는 모든 것들의 다양한 어울림이 얼마나 아름다운지 더욱 선명하게 그려지는 한 편의 그림 같은 삶을 만나게 되고 우리가 찾고 바라는 것들 속에서 높고 푸른 하늘을 우러러 꿈과 이상을 바라봄과 동시에 땅 아래 발 딛고 사는 우리네 일상의 사사로운 이야기들이 한없이 부드럽고 온화하다는 것에 감사하며 점차 작은 것들의 소중함이 일깨워지는 소박한 사람이 되어 간다.

소담스럽게 무리지어 피어 있어 가을 들녘 어느 곳엘 가더라도 쉽게 만날 수 있는 구절초처럼 생각하면 늘 떠오르는 넉넉한 고향의 숨결처럼 따뜻한 사람이면 좋겠다.

작은 삶들이 만들어 내는 속깊은 마음 그리고 가슴이 뜨거운 사람들이 모여 사는 세상, 그러한 잔정들이 따뜻한 사랑으로 모아져서 거대한 사랑의 물결을 출렁이게 하고 거칠고 메마른 세상을 한품에 끌어안을 수 있다면 좋겠다.

무심코 우리 곁을 지나치는 많은 것들을 찾아 관심 있게 바라봐 주고 알알이 삶 속에 박혀 있는 작은 행복들이 우리가 살고 있는 작은 일상의 구석구석에서 얼마나 큰 행복을 만들어 주는지 함께 누릴 줄 아는 복 있는 우리였으면 좋겠다.

그 작은 것, 소소한 일상의 익숙한 모든 것까지 삶의 소중한 가치인 것을 아는 우리, 사계절 변함 없는 늘 푸른 상록수처럼 한결같은 마음이 누군가를 향한 작은 관심으로 이어진다면 우리가 사는 세상은, 교회는, 이웃은, 가정은 얼마나 아름다울까.

강물은 흐르고 흘러서 바다로 간다. 그 큰 강줄기를 붙잡고 사는 우리네 인생도 시간이 이끄는 대로 방향을 같이하며 살아간다.

그러나 강물의 진정한 의미는 낮은 대로, 낮은 곳으로 자신을 낮추며 흐르는 것이 진리다. 낮은 곳으로 흐르고 흐르다 결국가 닿는 바다 수많은 강줄기의 곡절들을 품어 주는 넓고 깊은 품 그 품이 깊고 따뜻한 그대와 내가 될 수 있기를 위하여 겸손히 오늘도 두 손을 모은다.

✲✲ 품이 따뜻한 그대에게

하늘 끝의 그리움

당신이 떠나고 여러 해를 더 보내었어도 아득히 먼 하늘 끝으로 선명한 얼굴 하나 박혀 있습니다. 이별이 산처럼 무거워 체념을 밥 먹듯 곱씹어 삼켰지만 언제나 가슴에 사시는 당신을 잊을 수가 없으니 세월을 거슬러 어느새 푸석한 당신 품에 다시 안겨 봅니다.

인생의 희로애락을 온몸으로 다 겪어 내고도 한 줌의 흙으로 기꺼이 부서져 무명의 삶을 접으시기까지 순리를 거스를 줄 모르던 어머니.
언제라도 멀리 있는 딸을 향해 눈길과 마음길을 놓지 못하시고 한없이 애처로운 사랑을 붙여 주시던 어머니.
생각은 그리움을 만들고, 그리움은 또다시 슬픔의 골짜기를 내어 철철이 쉬지도 않고 흐릅니다.

"젊은 니가 짐이 무겁구나."
혈관마다 시퍼런 멍자국, 링거 바늘 하나에 부지했던 생명줄에 한가닥 희망조차 없음을 알면서도 당신 목에 가시처럼 아프던 손녀딸을 위해 쉬지 않고 기도 손을 모으시던 내 어머니.
눈에 넣어도 아프지 않으셨을 막내딸의 발목을 잡고 있던 병약한 손녀딸.

이 병원 저 병원을 전전하며 오직 하나님의 은혜를 구하기를 여러 해, 다섯 살이 다 되도록 걸음조차 떼지 못하던 손녀딸의 연약함을 바라보시던 어머니의 간절하신 바람을 내 어찌 몰랐을까만은 하얀 시트 위에서 외로운 사투를 벌이시며 고통하던 어머니보다야 더했을까요.

사랑하는 딸이 짊어지고 가야 할 무게가 그리도 안타까워 못내 가슴을 치시던 당신의 절절한 사랑이 이 딸의 가슴에 아직까지도 사무치게 남아 있습니다.

어머니, 당신의 몸 마디 마디 깊이 패어 있던 주름, 까슬까슬하던 마른 몸을 내 품에 안고 서럽도록 외로운 나의 꿈, 어머니 품속에서 그간의 아픔, 설움, 고단함을 다 잊고 깨어나지 않아도 좋을 평안의 밤을 보내고 싶습니다.

어머니가 떠나시던 날, 그 마지막 기도 끝에도 악착같이 붙잡고 있었을 손녀딸이 오늘, 여기에 이만큼 자라 있습니다. 아직도 연약한 모습 그대로 서 있지만 누구보다도 하나님 앞에 순수하며 맑고 행복한 아이입니다.

“세상의 미련한 것들을 택하사 지혜 있는 자들을 부끄럽게 하려 하시고, 세상의 약한 것들을 택하사 강한 것들을 부끄럽게 하려 하시며, 세상의 천한 것들과 멸시받는 것들과 없는 것들을 택하사 있는 것들을 폐하려 하시나니, 이는 아무 육체라도 하나님 앞에서 자랑하지 못하게 하려 하심이라.”

이 모든 것들이 하나님의 온전한 계획 안에 있음을 압니다. 세상의 모든 부와 명예, 건강과 물질을 가지고 하나님 없는 삶을 사는 것보다 하나님 안에 있음으로 참고 이겨 낼 수 있는 이 고통이 외려 위로이며 참 행복임을 아실 어머니, 여기까지 이만큼이라도 건강하게 자라 준 것만으로도 너무나 큰 하나님의 은혜이며 무엇보다 어머니, 당신의 간절한 기도 덕분이었음을 고백드리고 싶은, 이리도 가슴이 뛰는 아침입니다.

어머니, 부활의 계절입니다. 세상에 기식 있는 모든 것들은 봄비와 함께 일제히 눈을 떴습니다. 겨울의 긴 고난을 이기고 봄의 희망으로 달려 나갑니다. 어머니 당신의 가슴에 한처럼 못을 박던 불효의 딸이 이제도 여전히 거듭나지 못한 자아로 주님의 가슴에 대못을 들이대는 어리석음의 죄를 반복하며 살지만, 어머니가 그러셨듯이 주님 또한 오래 참으시고 그 크신 사랑으로 안아 주십니다.

봄의 진한 향기처럼 구원의 생명으로 활기를 되찾아 주시는 주님, 고통의 삶을 영원의 기쁨으로 승화시키시는 주님께서 빼앗기지 않을 영원한 평강의 나라를 인하여 벌써부터 승리의 개선가를 부르게 하십니다. 무거운 어둠의 무덤 속에서 다시 생명의 씨앗으로 거듭나셔서 온 인류를 생명의 열매로 거두시는 주님의 영광스러운 부활 앞에, 어머니 당신의 맑던 영혼도, 나의 영혼도 새털같이 가볍습니다.

✲✲ 죽음, 이후에 더 빛날 생명을 위하여

독백

비가 내리는 날은 왠지 사는 일에 대한 소중함을 더욱 느끼게 되곤 한다. 이만큼 여기까지 와 있으면서도 살아온 날들의 관념에 젖어 평생 고쳐지지 않을 것 같았던 고집, 아집들도 하나둘 내려놓을 줄 아는 넉넉함, 조금씩 생각의 폭을 넓혀 가는 지혜가 생겨나기도 한다.

겁 없이 인생의 길을 미끄러지듯 달려가다가 우뚝 멈춰 선 그 곳엔 하늘이 주신 은총의 선물로 가득하고 "잘 살아야지" 마음을 다잡으면 세상에 사사로운 일들쯤은 편안하게 내려놓을 줄 아는 여유로움도 갖게 되는 것처럼 말이다.

세월의 흐름, 계절의 변화 그리고 자연의 법칙을 거스를 수 없으니 그 안에서 순응하며 자신의 생을 보다 빛나게 가꿀 줄 아는 것, 평생 이별이란 건 모를 것 같았던 사람들이 어느 날 어색한 눈빛으로 남남이 되어 각자 다른 길을 걸을 수 있는 운명적인 순리조차도 그저 긍정하며 사는 것, 나이를 먹는 만큼 마음도 폭을 넓히고 그만큼의 감정의 수위 조절이 가능한 것처럼 말이다.

마음은 변함없이 푸르고 고운 스무 살 청춘인데도 불구하고 부분부분 주름이 늘어가고 탄력을 잃어 가는 피부, 빠알갛던 얼굴 혈색이 그 빛을 잃어가고 새치라고 하기엔 너무 멀리 달려온 세월, 그 연륜의 흰머리를 보는 일이 때론 쓸쓸한 일이기도 하지만, 그러나 이치를 거스르지 않으며 자연의 섭리에 발맞추고 있음이 얼마나 놀라운 일인가.

앞이 보이지 않을 만큼 퍼붓는 빗속의 하이웨이를 달리는 일은 목 안으로 뜨거운 찻물을 넣고 삼키는 것처럼 속이 휑하니 뚫리는 기분이다.

답답한 심령의 무거움을 끌고 그분 앞에 나아가 엎드리면 그 어떤 환경이나 여건, 처지나 형편들을 뛰어넘는 과감함, 평안으로 이끄는 은총의 무지개를 그저 감동하며 바라볼 수 있는 것처럼 말이다.

편법을 쓰지 않으며 주변의 화려한 것들에 눈을 감고 내 안의 나와 싸우며 걷다가도 한 번쯤 그 외로운 외길에서 잠깐이라도 벗어나 비껴난 삶을 살아보고 싶은 오기를 부려 보다가도 그분 안에 갇힌 내 삶이 얼마나 값지고 소중한 것인지를 새삼스럽게 다시 깨닫게 되는 일은 진정 나다운 나, 하늘 백성으로서의 본연의 모습을 제대로 찾는 거룩한 투자가 아닐까 싶다.

불혹의 나이라는 내 삶에 가볍지 않은 무게를 얹은 지금, 주인이 씌워 준 멍에를 거부하지 않으며 주인의 의도대로 쓰임받는 황소의 부지런한 수고가 거두어들이는 보람처럼 내 주인이신 그분의 뜻과 목적을 이루어 가는 일에 말없이 순종하는 충성스런 자, 사람의 눈에 보기좋은 사람이기보다는 그분의 눈에 합한 자, 후에 그분이 주실 상급을 바라보며 달려나가는 성실한 사람이고 싶다.

살아온 중년의 나이만큼 덕스럽고 온유하며 요란하지 않은 삶의 지식과 살아가는 일에 지혜를 쌓아가는 현명한 아내로, 엄마로 그리고 한 여자, 무엇보다도 늘 부족하고 모자라 송구스런 분, 그분 앞에 면목이 서는 사람이고 싶다.

분명한 것은, 지금 여기 그분 앞에 내가 서 있다는 것 하나, 앞으로도 여전히 지금까지 걸어온 길의 연장선상에서 그분으로부터 나의 길을 조명받을 것이라는 것 두울, 그 길은 결코 미련하거나 뒤돌아 후회함이 없을 가장 소중하고 가치 있는 선택이었다는 것 세엣, 파란 하늘 위에 걸린 내 꿈과 소망의 노래는 영원하리라는 것 네엣, 그리고 난 지금 누구보다도 행복하다는 것 다섯.

✽✽ 나의 모든 것 되시는 그분으로 인해 오늘 내가 여기에 있습니다.

조화로운 삶

자연의 아름다움이란 세상이 만들어 낸 그 어떤 수식어로도 표현되어질 만한 적당한 것들이 떠오르지 않을 때가 있다. 불과 얼마 전만 해도 죽은 듯 음산한 침묵을 고집하던 숲이 저토록 울창하고 풍성한 잎과 꽃으로 가득 채워져 있는 것을 보면 생명의 위대함과 존엄성에 가슴이 뭉클해질 정도로 흥분되기도 하니 말이다.

매일 오고가는 길에 별 관심조차 두지 않았던 작은 생명들, 싱그런 아침 햇살을 받아 유난히 반짝거리는 저 작은 이파리들을 보면 저 낮은 곳까지 하나님의 생명과 사랑이 넘실거리고 있다는 것에 새삼 놀라기도 한다.

유난히 나무가 많은 뉴저지, 도심에서 벗어나 터전을 잡은 터라 사방이 빼곡한 숲으로 둘러싸여 언제라도 젊고 푸른 심장을 품고 살 수 있으니 이 얼마나 큰 축복인지….

두 해 전에 잘 아는 지인이 보내 준 두 권의 책 《조화로운 삶》과 《사랑 그리고 마무리》란 책을 읽으며 자연이 인간에게 공급해 주는 수많은 혜택들을 행복하게 누렸던 기억이 있다.

도심의 세계에 현기증을 일으키던 한 부부가 어려운 결단 끝에 Upstate New York의 Vermont란 한 시골로 들어가 삶의 터전을 일구어 가는 이야기인데, 흙으로 집을 짓고 땅을 일구며 자연과 하나가 되어 가는 과정 속에서 문명의 것들은 하나씩 놓으며 스스로 연구하고 가꾼 과일과 채소들로 공급과 수요를 적절하게 그리고 건강하게 해결하는 모습들을 실제 인물들을 통해 함께 누리며 좋은 시간을 가졌었다.

그 영향력이었던지 원래가 시골 태생이어서인지 난 어느새 번잡하고 시끄러운 도시보다는 한적하고 푸른 쉼을 공급하는 자연 속에서의 삶이 익숙하고 좋다.

한 번씩 친구집이 있는 뉴욕을 다녀올 때면 이민 초기 이처럼 빠르고 복잡한 도시에서 어떻게 살았을까 싶을 정도로 낯설고 불편하기 이를 데 없으니 말이다.

억지스런 꾸밈이 없어도 그대로 기품과 우아함이 깃들어 있고 푸르고 싱싱한 젊은 모습이 그대로 탄성을 자아내게 하는 숲의 세계에 내 마음과 생각도 그리고 삶도 푹 담그고 살았으면 싶다.

자연을 사랑하고 자연 속으로 깊숙이 들어가 저들의 생태계를 알고 이해하고자 노력하는 것은 물론이며 병들어 가는 자연의 실체를 보호하고 살리고자 애쓰며 수고하던 자연학자, 마음이 순수하고 참 따뜻했던 그 지인을 통해 내 정신의 세계도 정직한 자연의 세계에 물들어 가는 것은 아닐까? 어쩌면 외려 푹 빠져들고 싶은 건지도 모르겠다.

자연은 문명과 적절한 조화를 이루며 삶이 고단한 이들의 생각과 가슴을 차분하게 혹은 맑고 정직하게 정화해 주는가 하면, 감출 수 없는 진정한 자유와 순박하고 순수한 세계를 선사하기도 하니 인간은 얼마나 복에 겨운지 모르겠다.

자연은 가장 편안한 호흡과 쉼을 안겨 주고, 현실에 집착하지 않도록 삶에 날개를 달아 과감히 날고 싶은 소망을 안겨 주는 참 고마운 선물이 아닐까 싶다.

맑은 영혼으로 자연의 착한 소리를 들을 수 있다면 우리는 아직 눈에 보이지는 않는, 그렇지만 선명하게 다가오는 내일을 위해 결코 평정을 잃지 않는 넉넉한 여유를 소유할 수 있을 것이라는 생각을 해 본다.

결코 세상과 타협하지 않는 자연의 힘, 스스로를 아름답게 지킬 줄 아는 자연 그대로의 소박함, 의지, 강인함 인간의 인위적인 손을 타지 않아도 계절마다 저마다의 멋을 창출해 나가는 자연 창조의 질서를 한치도 거스르지 않으며 순응하는 저 당당함, 푸른 생명력이 흘러넘치는 숲의 소리, 저 아름다운 숲의 노래를 함께 부르고 싶다.

자연과 인간은 절대운명의 관계가 아닐까. 우리 곁에 꿈처럼 펼쳐진 푸른 자연이 없다면 인간의 삶은 얼마나 삭막하고 황량할까. 자연과 인간, 그리고 삶이 하나로 어우러져 더욱 아름답고 질 높은 양질의 삶을 살아 낼 수 있다면 더할 나위 없이 살기 좋은 세상이 될 것이다.

저 푸르고 실한 숲의 나무들과 꽃의 조화, 그 속에 우리가 있다. 그리고 저토록 아름다운 자연과 더불어 더욱 융성한 삶을 누릴 수 있도록 배려하시는 크신 하나님의 사랑이 있음이 참으로 감사하다.

하늘길을 따라서

며칠 뒤에 있을 긴 이별을 위해 우리가 함께한 짧았던 여행을 기억하니? 참된 우정, 참된 사랑이 무엇인지 가슴으로 알게 해 주던 우리의 테마가 있는 여행 속으로 다시 떠나보고 싶다.

예정했던 이별이라는 것을 알면서도 마음 한곳 휑하니 뚫린 것처럼 허전해서 한없이 가슴을 쓸어내리기도, 한바탕 눈물을 쏟아내기도 했던 기억들이 오버랩되어 저 푸른 하늘을 가득히 채운다.

눈앞에 펼쳐진 푸르름을 벗삼고 시리도록 찬 계곡물에 발을 담그며 밤늦도록 담소를 나누던 우리의 이별 여행, 맑은 물에서 뽑아올린 하이얀 모시발처럼 올곧게 다가오던 그 여행 속으로 다시 발길을 옮겨 놓고 싶다.

하늘 위로 또 다른 하늘을 가늠할 수 없이 너무 청명하여 눈부시게 아찔하던 하늘길, 그 끝없이 높은 하늘 위에 날개도 없이 멈춰선 듯하다가 옅은 구름 사이로 보이는 소인국 나라 쪼그만 저 지구를 하나님은 그렇게도 사랑하셨나.

눈물젖은 가슴으로 태평양을 건널 때처럼 내 사랑하는 모국의 하늘 위로 다시 날아오르고 싶다. 우리의 삶이 숨가쁘게 아름답던 그곳, 그대들의 곁으로 가고 싶다. 하늘의 길을 잡고 가다가 보면 갑자기 거대한 산의 숲이 하늘길을 놓아 버리고 또 다른 세상을 보여 주고는 이내 머리곰 늘어선 전봇대를 밀어 보내던 그 하늘길을 따라 그대들이 서 있는 곳, 태평양을 거꾸로 돌아 그곳으로 날고 싶다.

다시 짐을 내리고 마치 낯선 인연을 만나 서로를 알아가는 설렘으로 한 걸음씩 조심스럽게 이국의 땅을 밟던 이민의 발걸음이 그리 만만한 것이 아니라는 것을 안 때에도, 이 길을 계획하심도 인도하심도 우리 주 하나님이셨다는 것을 알았기에 수고로운 삶도 넉넉히 견뎌 내며 성실하게 일구어 낼 수 있었다.

가슴에 턱 버티고 있는 그리움 하나 소망의 실타래에 달아 그대들에게로 띄우던 날들을 뒤로하고 가끔은 긴 여행일 뿐이다, 추억이라는 거대한 물결들을 잠재우며 나는 아직도 그대들을 위한 진실된 사랑의 언어를 키워 낸다.

이제 내 모국, 그리고 그곳에 삶을 꾸리고 사는 그대들은 더 이상 눈물로 바라볼 그리움의 대상이 아니라 두 손을 모으고 간절히 기도해야 할 나의 사랑하는 사람들임에 감사하다. 그곳에, 고향의 풍경처럼 편안하고 푸근한 그리고 변함없을 그대들이 있어서 오늘, 내가 여기에서 여전히 행복하다는 것을….

✲✲ 나의 좋은 친구들, 기도의 동역자들에게

명품 그 자리에 오르기까지

계절이란 우리 가슴속에 표현할 길 없는 다양한 빛깔로 물든다. 자연이 인간에게 주고 싶은 의미와는 관계없이 사람들 각자의 생각과 느낌과 감정에 의해 채색되어 가는지도 모른다. 사계절은 변함없이 우주 삼라만상을 다스리시는 창조주의 질서에 따라 순회하고 인간은 자연스럽게 저마다의 계절 속으로 걸어들어가 스스로 저들의 빛깔에 물들거나 자기의 독특한 빛깔을 만들어 가곤 한다.

누구나 세상을 보는 일에는 각자의 주관적인 시야의 범주를 벗어날 수 없으므로 꼭 자신의 작은 영역 안에서 보고 경험한 것 외에는 생각하지 못하는 경향이 있는 것처럼 외로움, 쓸쓸함, 고독 그리고 그리움이란 단어들이 으레껏 떠오르는 것은 가을이란 계절과 함께 느끼는 자연스런 감정들이 아닐까 싶다.

어느 날 어슴푸레 어둠이 내리는 창밖을 물끄러미 내다보던 한 친구가 "참 쓸쓸하다!" 흘리듯 뱉어 낸 말에 은근슬쩍 내 가슴도 짠해 오던 걸 보면, 이 깊어가는 계절 앞에서 누구나 충분히 공감할 수 있는 계절적 감정이었기 때문이리라. 나와 함께 있는 한 남자가 저 말을 들었다면 아마도 감정의 낭비라고 일침을 가하며 주님과 동행하며 사는 사람의 입에서는 도저히 나올 수 없는 말이라고 핀잔을 주었을 법한 말이긴 하지만 말이다. 그도 그럴 것이 그는 언제나 하나님 말씀 앞에 "But"을 붙이기를 가장 싫어하는 사람이며, 언제나 긍정의 눈과 마음으로 주님과 동행하는 사람임을 알기 때문이다. 어쩌면 감정에는 꽤나 무딘 사람이 아닐까 의심이 되기도 하지만 말이다.

계절을 느끼는 데는 아무래도 생리구조가 판이하게 다른 남녀라는 차이점과 나이에 따라 감정선이 확연히 다르다는 생각을 하는 것은, 내 청년 시절의 가을은 언제나 추상적인 상념에 찬 환상 같은 것이었다. 릴케의 다양한 시집 중에서도 굳이 고독에 관하여 잘 정리된 것들을 좋아하고, 젊은 베르테르의 슬픔이란 괴테의 낭만적인 사랑을 통해 사랑의 감성을 키웠고, 철학자 파스칼의 팡세를 더러는 이해하고 더러는 이해를 피해 그냥 넘기며 몇날 며칠이고 읽을 만큼 그의 섬세함에 취하곤 했던 그 시절의 가을은, 내게 다양한 새로운 것들에 물들게 하고 무엇인가에 몰입하여 색다른 세계를 추구하는 열정을 안겨주기도 했기 때문이다.

그렇게 문학이라는 내면의 깊음 앞에 수박 겉핥기로 흉내를 내던 시절의 친구들, 그들이 저들만의 길에서 문학을 고집하고 그 울타리를 벗어나지 못하며 문학이라는 학문이 주는 행복에로의 삶을 추구하며 사는 것을 바라보는 것만으로도 충분히 뿌듯하고 감동이 되는 것은, 그 시절의 그 감성과 느낌이 오늘날 그대로 나의 삶에 반영되어지기 때문이다. 다만 지금 내게 확연히 달라진 것이 있다면 난 지금 매일 나의 사랑을 고백하고픈 그분, 예수 그리스도 앞에 있다는 것, 그러기에 주님을 향한 나의 노래가 세상의 그 어느 것보다 더욱 아름답고 소중하다는 것이 한없는 감사요 더없는 행복이라는 것이다.

가을이란 깊숙한 계절에 빠져 마치 눈처럼 쏟아지는 낙엽들을 어깨 위로 맞을 때면 하나님의 창조의 세계가 얼마나 원대하고 경이로운지 저절로 감탄사가 터져나오는 것은 가슴 중심에 늘 자리잡고 있는 하나님을 향한 사랑과 신뢰가 감사라는 벅찬 감격으로 되살아나기 때문이 아닐는지. 계절을 탄다는 의미는 주어진 계절 속에 푹 잠겨 제대로 누리며 산다는 것과 같은 말일 게다.

문득 가슴을 때리는 어디로부터 왔는지도 모를 정체불명의 쓸쓸함이 외려 주님 앞에서의 나를 보다 구체적으로 발견할 수 있는 시간이니, 주님을 더 가까이 만날 수 있는 소중한 기회로 만들어 가는 재치가 어여쁘지 않을까.

온통 빨갛게 생을 불태우고는 어느새 미련없이 나뭇잎을 떨구어 내는 저 과감하고 당당한 계절 속에서 나도 한 번 제대로 계절을 타고 싶다. 버리고 싶은 것이 있으면 다시 새롭게 시작하고 싶은 것들도 있으리. 때론 교만과 완악으로 가득 찼던 생각의 편견들을 분해하고 타성에 젖은 눅눅한 삶에서 벗어나 이 가을엔 순수하고 소박한 영으로 다시 태어났으면 좋겠다. 보다 능동적인 발걸음으로 주님의 니드를 위해 애쓰고 수고하는 사람이면 좋겠다. 행복과 불행은 마음과 생각에서부터 시작되

듯이 이 편협의 안경을 벗고 보다 긍정적이며 순전한 안경으로 갈아끼우는 작업에 부지런을 떨어야 하지 않을까.

주어진 삶의 무게가 우리 앞을 어둡고 캄캄하게 한다면 그 어둠으로 인해 실낱같은 빛줄기일지라도 소망으로 다가올 내일이 있기에 우리의 오늘이 얼마나 값진 은총인지 깨닫는 은혜가 있어야 하지 않을까.

깊어진 가을의 깊이만큼이나 나의 주님을 더욱 사랑하게 되었으니 그것만으로도 우리는 그 어떤 것을 얻은 것보다 복되다 하지 않을 수 없겠다. 그렇게 주신 생의 길을 마치고 절대자 앞에 서는 날, 잘했다는 칭찬에 어깨가 으쓱해지는 복 있는 사람이고 싶다.

이 가을엔 나만이 가질 수 있는 고독한 상념의 시간을 더 많이 할애하고 주님의 말씀 앞에 내 삶을 조명받는 깊은 신앙에로의 길에 서서 미성숙을 성숙으로 이끌어 내시는 이, 현실의 장애를 함께 넘어 주실 이, 그리고 시온의 대로 그 어디쯤에서 다시 우릴 만나 주실 주님 앞에 참 대견스러운 사람으로 거듭 태어나고 싶다.

한 곳에 든든한 반석 같은 사람, 그리스도의 장성한 분량에 이르기까지 주님의 크신 지각을 사용하여 하나님의 완성품, 그 명품의 자리에까지 당당하게 오르는 성숙한 계절일 수 있다면 더욱 좋으리라.

언제나 떠날 채비를

갖가지 꿈과 소망을 향해 쉼없이 달려온 길, 생전 처음 만나는 세상처럼 처음부터 다시 걸음마를 막 떼기 시작한 갓난아기처럼 다시 시작해야만 했던 이민의 삶, 그 곳곳엔 참으로 다양한 빛깔의 사연들이 어우러져 있다.

부의 상징이요 여유가 돋보이는 저 너른 들판과 우거진 숲속에 우뚝우뚝 서 있는 저택들은 그 품위를 마음껏 드러내고, 낡은 구조의 건물들조차도 견뎌 온 세월만큼이나 저력과 기품이 살아 있는 저들의 터전. 오랜 세월이 만들어 낸 부와 여유 그리고 실리와 합리, 현실주의가 적절하게 어우러진 땅, 그러나 영원한 이방인일 수밖에 없으면서도 낯선 이국의 삶에 뒤처지고 싶지 않은 나름의 당당함은 도대체 어디로부터 생겨났는지.

삶이 건네는 수고로움에 턱 숨이 막힐지라도 결코 위축되지 않으며 저마다의 자리에서 각자의 터전을 잘 일구어 내는 모습들이 차마 경이롭기까지 한데, 사는 일이 어디 생각하는 것처럼 호락호락하던가. 언젠가 유한의 연수를 계수하고 무한의 나라로 입성하는 그날까지 인생은 세상에서 수고하고 애쓰며 그 안에서 외려 기쁨과 행복을 추구하고 상식을 초월해 사는 것이 아닐까 싶다.

영원한 진리 앞에서 선으로 악에 항거하며 순리대로 사는 것 그것이 먼 타국으로 보내신 이의 뜻에 맞춰 사는 것이 아닐까. 지혜와 상식으로 일궈 낸 수없는 땀의 노력들이 삶의 구석구석에 잔잔하게 묻어날 때 변칙 없이 살아온 날들의 보상이라도 받듯 자잘한 행복에 잠길 수 있는 것처럼 말이다.

젊은 어제의 나를 보내고 오늘의 지긋한 나를 만난다. 어제의 어떤 것들을 버려야 하고 오늘의 어떤 것들을 받아들여야 하는지, 못나고 어리석었던 한 귀퉁이를 뚝 잘라내고 다시 새 마음을 품는 매일의 결단과 작은 실천들이 귀하다.

깊어진 계절 속에서 서성거리던 상념들을 거두어 겸허히 주 앞에 내려놓고 결국에는 다 놓고 돌아가야 할 본향이 있음에 안도의 숨을 쉬어 본다. 어쩌면 악착같이 붙잡고 있던 소유와 정착이라는 커다란 짐을 벗어 던지고 늘 그러하듯 언제나 떠날 채비를 하는 것, 마치 오늘 이 순간이 생의 마지막인 것처럼 사는 사람에게서 느낄 수 있는 더없이 뜨거운 열정과 욕심을 덜어내고 비워진 마음의 여유와 평안을 소유할 수 있다면 영원한 나라를 위한 오늘의 삶이 더욱 소중한 가치가 되어 주지 않을까.

인생의 단편과 유한성 그리고 윤회설을 논하던 그 누구일지라도 지극히 상식적인 개념을 뛰어넘어 인생은 영원에서 영원으로 이어진 상상을 초월하는 무한의 세계와 잇닿아 있다는 것과 죽음이 죽음으로 끝나는 것이 아니라 죽음으로써 진정한 생명이 주어진다는 오묘한 진리가 깨달아진다면 더할 나위 없이 좋겠다.

창조주가 피조물을 향해 쏟으신 그 엄청난 대가, 예수님의 십자가 앞에서 세상을 올곧고 고운 시각으로 바라보면 아름답지 않은 것이 무엇이 있을까. 언제나 주님이 주시는 에너지를 곳곳에 나누어 주는 윤활유와 같은 사람이 되고 예수님을 닮은 온유함으로 피곤한 손과 연약한 무릎을 곧게 세우는 일에 집중하는 삶을 살아야 하지 않을까.

세상에 부요로 길들여진 우리 삶을 뒤로하고 가난하더라도 가장 진솔한 마음과 성령의 충만으로 가슴이 뜨거울 수 있다면 내 안의 풍요를 누림과 동시에 더불어 정을 나누고 서로를 안아 주는 일이 습관처럼 삶에 붙어 주지 않을까. 새벽 미명의 동쪽 하늘로부터 붉게 떠오르는 태양이 우리 아침을 찬란한 빛으로 물들일 때를 같이하여 가파른 삶을 헐떡이던 인생들도 거뜬히 새벽을 열고 일어나 기운찬 발걸음을 옮기는 복된 날들이길 소원해 본다.

마음만 먹으면 세상에 해내지 못할 일들이 없을 것처럼 의욕에 차고 실수를 두려워하지 않을 도전으로 내디딘 발 다시 거두지 않는 당당함, 그것이 곧 우리가 살아내야 할 오늘이며 앞으로 걸어가야 할 아름다운 내일이기 때문이다.

✲✲ 내일을 위한 오늘의 수고가 헛되지 않기를 위하여…

하늘 끝의 그리움

펴낸날 초판 1쇄 2017년 11월 20일

지은이 임선희
펴낸이 서용순
펴낸곳 이지출판

출판등록 1997년 9월 10일 제300-2005-156호
주 소 03131 서울시 종로구 율곡로6길 36 월드오피스텔 903호
대표전화 02-743-7661 팩스 02-743-7621
이메일 easy7661@naver.com
디자인 박성현
인 쇄 (주)꽃피는청춘

값 10,000원

ISBN 979-11-5555-079-3 03810

이 도서의 국립중앙도서관 출판예정도서목록(CIP)은 서지정보유통지원시스템 홈페이지(http://seoji.nl.go.kr)와 국가자료공동목록시스템(http://www.nl.go.kr/kolisnet)에서 이용하실 수 있습니다.(CIP제어번호: CIP2017030084)